विनोद कुमार शुक्ल

विनोद कुमार शुक्ल का जन्म 1 जनवरी, 1937 को राजनांदगाँव, छत्तीसगढ़ में हुआ। उन्होंने जबलपुर कृषि विश्वविद्यालय, जबलपुर से उच्च शिक्षा प्राप्त की। उनकी प्रकाशित कृतियाँ हैं—'लगभग जयहिन्द', 'वह आदमी नया गरम कोट पहिनकर चला गया विचार की तरह', 'सब कुछ होना बचा रहेगा', 'अतिरिक्त नहीं', 'कविता से लम्बी कविता', 'कभी के बाद अभी', 'प्रतिनिधि कविताएँ', 'आकाश धरती को खटखटाता है' (कविता-संग्रह); 'पेड़ पर कमरा' तथा 'महाविद्यालय' (कहानी-संग्रह); 'नौकर की क़मीज़', 'दीवार में एक खिड़की रहती थी', 'खिलेगा तो देखेंगे', 'हरी घास की छप्पर वाली झोपड़ी और बौना पहाड़' (उपन्यास)। मेरियोला आफ़्रीदी द्वारा इतालवी में अनूदित एक कविता-पुस्तक का इटली में प्रकाशन, इतालवी में ही 'पेड़ पर कमरा' का भी अनुवाद। कई रचनाएँ मराठी, मलयालम, अंग्रेज़ी तथा जर्मन भाषाओं में अनूदित।

मणि कौल द्वारा 1999 में 'नौकर की क़मीज़' पर फ़िल्म का निर्माण। 'आदमी की औरत' और 'पेड़ पर कमरा' सहित कुछ कहानियों पर अमित दत्ता के निर्देशन में बनी फ़िल्म 'आदमी की औरत' को वेनिस फ़िल्म फ़ेस्टिवल के 66वें समारोह (2009) में स्पेशल इवेंट पुरस्कार।

1994 से 1996 तक निराला सृजनपीठ में अतिथि साहित्यकार रहे।

उन्हें 'गजानन माधव मुक्तिबोध फ़ेलोशिप','राष्ट्रीय मैथिलीशरण गुप्त सम्मान', 'शिखर सम्मान' (म.प्र. शासन), 'हिन्दी गौरव सम्मान' (उत्तर प्रदेश हिन्दी संस्थान), 'रज़ा पुरस्कार', 'दयावती मोदी कवि शेखर सम्मान', 'रघुवीर सहाय स्मृति पुरस्कार', 'दीवार में एक खिड़की रहती थी' के लिए 'साहित्य अकादेमी पुरस्कार' अन्तर्राष्ट्रीय साहित्य में उपलब्धि के लिए 2023 के 'पेन अमेरिका नाबोकोव अवॉर्ड' तथा 2024 के 'ज्ञानपीठ सम्मान' से सम्मानित किया गया है।

वे इन्दिरा गांधी कृषि विश्वविद्यालय से कृषि-विस्तार के सह-प्राध्यापक पद से 1996 में सेवानिवृत्त हुए। अब स्वतंत्र लेखन।

सम्पर्क : सी-217, शैलेन्द्र नगर, रायपुर (छत्तीसगढ़)।

आकाश धरती को खटखटाता है

विनोद कुमार शुक्ल

चयन-सम्पादन
अरविन्द त्रिपाठी

राजकमल पेपरबैक्स

पहला संस्करण 2006 में आधार प्रकाशन, पंचकूला से प्रकाशित

राजकमल पेपरबैक्स में
पहला संस्करण : 2023
दूसरा संस्करण : 2025

राजकमल पेपरबैक्स : उत्कृष्ट साहित्य के जनसुलभ संस्करण

राजकमल प्रकाशन प्रा.लि.
1-बी, नेताजी सुभाष मार्ग, दरियागंज
नई दिल्ली-110 002
द्वारा प्रकाशित

शाखाएँ : अशोक राजपथ, साइंस कॉलेज के सामने, पटना-800 006
पहली मंजिल, दरबारी बिल्डिंग, महात्मा गांधी मार्ग, प्रयागराज-211 001
1, अनमोल सोराबजी सन्तुक लेन, धोबी तलाव, मरीन लाइंस, मुम्बई-400 002
वेबसाइट : www.rajkamalprakashan.com
ई-मेल : info@rajkamalprakashan.com

बी.के. ऑफसेट
नवीन शाहदरा, दिल्ली-110 032
द्वारा मुद्रित

मूल्य : ₹299

AAKASH DHARTI KO KHATKHATAATA HAI
Poems by Vinod Kumar Shukla
Selected & Edited by Arvind Tripathi

ISBN : 978-81-19159-11-6

श्री विनोद कुमार शुक्ल के लिए
सादर
जिनकी ‘दीवार की खिड़की से झाँकती’
‘सोनसी’ से
मुझे भी प्रेम है

—अ.त्रि.

क्रम

'समयविद्ध' से 'कालविद्ध' होने का सफ़र

विनोद कुमार शुक्ल समकालीन कविता के संसार में आज ऐसे कवि के रूप में प्रतिष्ठित हैं जिनकी कविता को बिना उनके नाम के भी जागरूक पाठक पहचान लेते हैं। आज़ादी के बाद से आज तक की कविता का अगर मुआइना करें तो कम कवि ठहर पाते हैं जिनकी कविता बिना नाम के पहचानी जा सके। दरअसल यह शक्ति वही कवि अर्जित कर पाता है जिसने अपने कवि-कर्म में अपनी निजी भाषा, काव्य-मुहावरा और अपना एक लहजा प्राप्त कर लिया हो। भारतीय कविता की जो महान परम्परा आज भी विश्व में प्रतिष्ठित है अगर उन कालजयी कवियों के संसार से गुज़रें तो पता चलेगा कि ऐसे मूर्धन्य कवियों की यश:काया इसलिए आज भी हमारी स्मृतियों में शेष है क्योंकि उन्होंने सचमुच अपनी कविता के ज़रिये युग-निर्माण किया। कविता का युग-निर्माता ही कालजयी कवि के रूप में सिद्ध होता है। संसार में जितने बड़े कवि हुए हैं उन्होंने अपने समय के साथ विद्ध होते हुए समय के बाहर देखने की कोशिश की है। फलत: उनकी कविताएँ आज भी चिर नूतन और युगानुरूप लगती हैं। ऐसा उद्यम वही कवि कर पाता है जिसके पास समग्र दृष्टि, समयदृष्टि और समदृष्टि के साथ कालदृष्टि भी हो। कालदृष्टि वही कवि अर्जित कर पाता है जो युगदर्शन की दृष्टि ग्रहण करने का सामर्थ्य रखता हो। युगदर्शन हमेशा विश्वदृष्टि से अर्जित होता है। हिन्दी कविता के इतिहास में ऐसे कई कवि अपनी यश:कथा के साथ आज भी जीवित हैं और समय के बीहड़ थपेड़ों के बीच कालप्रवाह में अपनी कविता की धारा को प्रवाहमान किए हुए हैं।

मौजूदा हिन्दी कविता पर जब निगाह डाली जाती है तो इस दृष्टि से कम कवि नज़र आते हैं जो अपनी कविता के ज़रिये ऐसी सामर्थ्य अर्जित करने की क्षमता रखते हों। ज़्यादातर कवि अपने समय में, वह भी सिर्फ़ सतह पर तैर कर कविता को अर्जित करने की असफल चेष्टा करने में व्यस्त हैं। ऐसे कवियों के संकलन एक-दो वर्षों के अंतराल पर बराबर प्रकाशित हो रहे हैं पर उनका काव्य-विकास नदारद है। कुछ कवि अपनी कुछ कविताओं को ही जीवन-भर दुहराने के भुलावे और छलावे में कवि-कर्म की इतिश्री मान बैठे हैं। वे आत्म-परीक्षण आत्म-उत्खनन करने

से डरते हैं। बल्कि सच यह है कि वे घनघोर स्तर पर आत्ममुग्धता के शिकार हैं।

फलत: समकालीन कविता का बहुलांश भेड़चाल और भेड़ियाधसान में तब्दील हो गया नज़र आता है। बाज़ारवाद का रेला, लगता है, कवि-कर्म के हलक़े में किसी चोर दरवाज़े से प्रवेश कर गया है। आज ज़्यादातर कवि-कर्म काव्य-प्रतियोगिता का प्रायोजित मजमा हो गया लगता है। एक विषय पर अगर किसी कवि ने अच्छी कविता लिख दी तो फिर वही विषयवस्तु हर सफल कवि के यहाँ दिखाई पड़ने लगती है। दुर्भाग्यपूर्ण यह है कि कई अधेड़ कवि नए से होड़ लेने के लिए अपनी काव्य-वस्तु बदलने के लिए रातोरात आमादा दिखाई दे रहे हैं ।

इस होड़ में अच्छी कविताएँ तो सम्भव हैं पर महान कविताएँ सम्भव नहीं हो सकतीं। महान कविता की सर्जना के लिए कवि के पास जो कठिन अध्यवसाय, आत्मसंयम, आत्मसंघर्ष और बाह्य संघर्ष की ज़रूरत होनी चाहिए उसका अभाव आज की मौजूदा कविता के परिसर में बहुतायत से दिखाई दे रहा है। कवि इतिहास से सबक़ नहीं ले रहे हैं, भविष्य की ओर देख नहीं पा रहे हैं, सिर्फ़ वर्तमान की सतह पर चौतरफ़ा मुब्तिला हैं। किसी ने ठीक कहा है कि कविताएँ बहुतेरे लिखते हैं, पर कवि कोई-कोई ही हो पाता है। आज की कविता के परिदृश्य पर यह बात हूबहू लागू होती है। गहन खोजबीन के बाद जब उँगलियों पर गिनने की नौबत आती है तो आज जिन थोड़े से भरोसे के कवियों पर निगाह जाती है, उनमें विनोद कुमार शुक्ल का नाम सबसे महत्त्वपूर्ण लगता है। उनकी कविता, कविता के तुमुल कोलाहल के बीच चुपचाप अपने सृजन में व्यस्त दिखती है। किसी भी तरह के दिखावे, छलावे, भुलावे से दूर अपनी राह का ख़ुद निर्माण करती और उस पर निर्भय अकेले चलने की हिम्मत रखती, वह अपनी मंज़िलें तय करने में संलग्न है। दिलचस्प बात यह है कि विनोद कुमार शुक्ल की कविता किसी की नक़ल नहीं करती और किसी और को नक़ल करने की छूट भी नहीं देती। कवि-कर्म में कविता के ऐसे परीक्षार्थी अब विरल हो चले हैं। उनकी कविता का यह अद्वितीय स्वभाव मेरे काव्य-विवेक को खींचता रहा है। शायद इसीलिए मैं विनोद जी की कविता की ओर बार-बार लौटता हूँ।

एक ज़माने में विनोद कुमार शुक्ल का काव्य-जगत से परिचय मुक्तिबोध ने कराया था। सन् 60 के आसपास मुक्तिबोध ने श्रीकांत वर्मा को पत्र लिखकर यह आग्रह किया था कि यदि ये कविताएँ आपको अच्छी लगें तो 'कृति' में इस युवा स्वर को जगह दें। श्रीकांत वर्मा ने सम्भवत: पहली बार विनोद कुमार शुक्ल की कविताएँ 'कृति' में प्रकाशित कर इस शलाका कवि को भास्वरता दी। उसके बाद विनोद जी ने पीछे मुड़कर नहीं देखा। निरन्तर चुपचाप पिछले पचास वर्षों से कवि-कर्म में रत हैं। कविता के अलावा कथालेखन के क्षेत्र में उनका उद्भव और विकास ऐतिहासिक है। ऐतिहासिक इन अर्थों में कि उन्होंने कविता और कथालेखन

के कृत्रिम विभाजन की खड़ी दीवार को ढहा दिया है।

वे अविभाजित मध्यप्रदेश के छत्तीसगढ़ अंचल के ऐसे भू-भाग में रहते हैं जहाँ उर्वर कविता की एक समृद्ध विरासत मुक्तिबोध जैसी कालजयी मेधा से प्रस्फुटित होकर आज भी प्रवाहमान है। पर वहाँ का जीवन जीना आसान नहीं है। आदिवासी जीवन और छत्तीसगढ़ के घने और बीहड़ जंगलों के बीच से अपनी कविता का उपजीव्य ग्रहण करने वाले विनोद जी पेशे से कृषि विषय के प्राध्यापक रहे। लगता है कृषि विषय का अध्ययन-अध्यापन करते हुए उन्होंने भारतीय किसान, खेतिहर मज़दूर, श्रमशील स्त्री, कुपोषण के शिकार बच्चों, बेरोज़गार नौजवानों के सपनों को न केवल देखा बल्कि जिया और भोगा है। छत्तीसगढ़ की संघर्षशील मिट्टी से सनी-बनी उनकी कविता अपने परिवेश के भूगोल और इतिहास को जिस तरह मथती है, उससे पाठक कई बार अचंभित हो जाता है। कविता में स्थानीय बोध क्या होता है और स्थानीय बोध को सार्वकालिक और सार्वभौमिक अभिव्यक्ति कैसे बनाया जा सकता है, यह देखने के लिए विनोद कुमार शुक्ल की कविताओं को देखना चाहिए। कहना न होगा कि विनोद जी छत्तीसगढ़ की धरती के ही कवि नहीं हैं बल्कि उसके व्योम के भी कवि हैं। उनकी कविता में छत्तीसगढ़ की धरती की धड़कनें वहाँ के रूप, रस, गंध, हवा, पानी और वहाँ के खुले आकाश के साथ गूँजती हैं।

जो लोग कवि विनोद कुमार शुक्ल के निजी जीवन के सुख-दुःख से वाक़िफ़ नहीं हैं, उन्हें उनका बहुचर्चित उपन्यास 'दीवार में एक खिड़की रहती थी' ज़रूर पढ़ना चाहिए। उपन्यास के नायक रघुवर प्रसाद जो आदिवासी अंचल में ही एक नए खुले महाविद्यालय में गणित के प्राध्यापक हैं, उनकी विशेषता है कि वे कम बोलते हैं, पर ब्लैकबोर्ड पर दोनों हाथों से गणित के कठिन सवालों का हल लिखते चले जाते हैं। आज के भीषण संचार-युग की रेल-पेल से बेख़बर वे हाथी पर चढ़कर महाविद्यालय पढ़ाने जाते हैं। बारिश से इतना डरते हैं कि चलने से पहले छाता लेकर चलना नहीं भूलते। उन्हें आधी रात को खिली चाँदनी में तालाब में नहाना अच्छा लगता है। पर वे गणित के ठस और रूखे शिक्षक नहीं हैं बल्कि जीवन जगत् के प्रति परम अनुरागी व्यक्ति हैं। डेढ़ कमरे की खुली खिड़की वाले किराए के घर में गुज़र-बसर करने वाले रघुवर प्रसाद गहरे पारिवारिक व्यक्ति हैं। गाँव में रहने वाले माँ-बाप, छोटे भाई मुन्नू से उनका गहरा लगाव है। फ़ुरसत के क्षणों में वे जब देखते हैं कि पत्नी के खुले केश कंघा करते वक़्त उलझ गए हैं, तो पत्नी के उलझे बालों को परिहास और प्रेम में डूबे हुए कंघे से देर तक सुलझाते हैं।

गणित के उस प्राध्यापक की ज़िन्दगी से कृषि के प्राध्यापक रह चुके विनोद कुमार शुक्ल की ज़िन्दगी का तालमेल वे अनजान पाठक ज़रूर बिठा सकते हैं जो विनोद कुमार शुक्ल को व्यक्तिगत रूप से नहीं जानते हैं। अत्यन्त मितभाषी, जीवन और मित्रों के प्रति अति संवेदनशील, छोटी-छोटी चीज़ों के प्रति अति जागरूक

दृष्टि, अति संवेदनशील, दूसरों की भावनाओं और विचारों का हमेशा ख़याल रखने वाले विनोद जी विनोदी स्वभाव के दिखते भले न हों, पर बुनियादी रूप में उनका स्वभाव सरल, सहज और विनोदी ही है। उनका काव्य-कौशल उनकी विनोदप्रियता का एक चमचमाता हुआ सबूत है। पर उनके व्यक्तित्व में एक ख़ास तरह की दृढ़ता भी है जो किसी की परवाह नहीं करती। किसी प्रलोभन से नहीं ललचाती। किसी आवेग में नहीं बहती। किसी झंझावात में नहीं डिगती। किसी आक्रमण से नहीं घबराती। किसी के विचारों से आक्रान्त हुए बिना अपने पथ पर अविचलित रहती है।

देखा जाए तो साहित्य की दुनिया में संघर्ष करते हुए उन्होंने कम आक्रमण नहीं झेले। एक दौर में भोपाल घराने का महीन सूत कातने वाला कलावादी सिद्ध करके उन्हें कविता से बेदख़ल करने की असफल कोशिशें की गईं, पर विनोद जी अप्रतिहत, अविचल खड़े रहे। उन्होंने अपने कविकर्म की कोशिशों पर ही भरोसा किया। एक दौर में जो लोग उन्हें कलावादी कह कर लांछित करते थे, आज वे लोग उन्हें 'प्रतिबद्ध' कहने में नहीं झिझक रहे हैं। इसे मैं विनोद जी की काव्य-सफलता ही मानता हूँ जो प्रतिपक्ष को अपना पूर्वग्रह बदलने के लिए मजबूर कर देती है।

अपनी सुदीर्घ काव्ययात्रा के जिस मुकाम पर विनोद कुमार शुक्ल आज खड़े हैं, वहाँ उनकी काव्योपलब्धियों का मूल्यांकन करना आलोचना के लिए कठिन कार्य है। उनकी सूक्ष्म काव्याभिव्यक्ति की तरह पेचीदा। ग़ौर से देखें तो उनकी कविता की रेंज इतनी व्यापक, गहरी और समावेशी है कि उसकी शिनाख़्त करते वक़्त बराबर यह संशय बना रहता है कि उनका महत्त्वपूर्ण कहीं छूट न जाए। असल में उनकी कविता इतनी विविधवर्णी, बहुधर्मी, बहुउत्सवी और बहुखोजी है कि वे चाहते हैं कि जीवन का कोई कोना छूट न जाए। वे कवि रूप में छूटने के विरुद्ध हैं। पर ऐसा भी नहीं कि वे चयनधर्मी न हों। काव्याभिव्यक्ति में मित कथनों का जितना सार्थक प्रयोग वे करते हैं, उतना शमशेर ही कर पाते थे। शब्दों को कम से कम ख़र्च करके कैसे अर्थ के भंडार को समेटा जाए इसे सीखने के लिए विनोद कुमार शुक्ल की कविता काम की चीज़ लगती है। काव्य-प्रयोगों के लिए उनसे बड़ा कवि आज कम से कम हिन्दी में दिखाई नहीं देता। जितना प्रयोग आन्दोलन चलाकर प्रयोगवादी नहीं कर पाए, उतना अकेले प्रयोग आज विनोद कुमार शुक्ल कर रहे हैं। वाक्य की सहायक क्रियाओं से कविता कैसे लिखी जा सकती है, इसे देखने के लिए उनकी 'तथा' जैसी कविता हमेशा याद रखी जाएगी। छोटी से छोटी कविता में वे काव्यवस्तु की कितनी महीन तहों को एक के ऊपर एक तहा कर रखते चले जाते हैं, यह देखकर सुखद आश्चर्य होता है—

पानी को
पानी की गठरी में बाँध दिया

कपड़े को कपड़े की गठरी में
पानी की गठरी है तालाब
कमल गठाने हैं
खिले खुले-अधखुले कमल से
अपने-अपने से बहता पानी
अपने तुपने में
फिर तुपने में बहता
जल की बड़ी बूँद तालाब। जल को पानी की गठरी से बाँध दिया
उससे यहीं मिलने का निश्चय
उससे यहीं मिलने के निश्चय को
यहीं मिलने के निश्चय में
बाँध दिया

(पानी को)

इस कविता का उदाहरण इसलिए दे रहा हूँ कि आप देखें कि इस छोटी-सी कविता में प्रेम की प्रतीक्षा को 'उससे यहीं मिलने का निश्चय' वाक्य में कितनी गहरी अर्थमय जिजीविषा के साथ कवि ने बाँध दिया है। इस छोटी-सी कविता में प्रेम की कितनी गहरी उत्सुकता, आस्तिकता और आसक्ति का भाव बँधा हुआ है। विशुद्ध प्रेम की ऐसी कविता विनोद जी के अलावा शमशेर के यहाँ ही सम्भव है। मैं नहीं समझता कि आज कितने कवि अपनी अभिव्यक्ति में इतने सान्द्र और एकाग्रचित्त हैं। इस हद तक कि शब्द स्फीति का एक भी कण कविता के भीतर बिना कवि की इजाज़त के घुसने नहीं पाता।

ऐसी काव्योपलब्धियाँ विनोद कुमार शुक्ल के काव्य-जीवन में अनेक हैं। यहाँ जो ख़ास बात मैं रेखांकित करना चाहता हूँ वह यह कि कविता की इस ऊँचाई को हासिल करने में विनोद कुमार शुक्ल ने अपने जीवन को दूसरों के जीवनबोध में इस तरह घुला-मिला दिया है कि उनकी कविता और जीवन को अलग-अलग बाँटकर देखना ज़्यादती होगी। जीवनबोध की समग्रता को समझना और फिर उसे 'देखना' उनके कवि-कर्म की सबसे बड़ी थाती है। जीवनबोध को समग्रता में देखना ही उनका यथार्थबोध है। यह यथार्थबोध उन्होंने जीवनबोध की धीमी आँच में पककर ही हासिल किया है।

जीवनबोध की समग्रता को कैसे काव्यबोध में रूपान्तरित किया जाए—इस प्रक्रिया में उनकी यह कोशिश शुरू से अब तक दिखाई देती है। शायद इसीलिए वे विचारधारा में उलझने की बजाय जीवनबोध और फिर जीवन-दर्शन से उलझकर सार्थक अभिव्यक्ति करना अपने कविकर्म का धर्म मानते हैं। इसीलिए उनकी कविता की व्यापक रेंज में समयबोध और कालबोध साथ-साथ चलता है। फलतः इसीलिए

उनकी कविता नितांत समसामयिक होकर भी समयातीत लगती है। वह पीछे भी देखती है और आगे भी, पर उल्लेखनीय बात यह है कि वह अपने समय में धँसी होने के बावजूद अपने समय में फँसती नहीं है। उनके काव्यबोध में जो अचूक क़िस्म की पारदर्शी सूक्ष्मता है, वह कई लोगों को जटिलता, रूपवाद, कलावाद का अवतार लगती है। पर सच्चाई यह है कि बिना सूक्ष्मताबोध के बड़ी कविता सम्भव नहीं। जब जीवन जीना आसान नहीं रह गया है तो फिर कविता का सृजन आसान कैसे होगा? विनोद कुमार शुक्ल सूक्ष्म बोध के कवि हैं, जटिल भावबोध के नहीं। महान कविता को अर्जित करने के लिए जो हिकमतें और हुनर चाहिए उसके सभी तत्व उनकी कविता में विकसित मात्रा में विद्यमान हैं। मुक्तिबोध की कविता में पदार्थमयता और कालबद्धता दोनों हैं। आगे देखता हूँ तो ये दोनों काव्यगुण छत्तीसगढ़ के इस लाडले कवि की कविता में आज दिखाई देते हैं। आइए देखते हैं कि विनोद जी ने किस तरह अपनी काव्य मंज़िलें तय की हैं।

विनोद कुमार शुक्ल समकालीन कविता के संसार में उन थोड़े से ऐसे कवियों में शुमार हैं जिन्होंने समकालीन कविता की दिशा और दृष्टि को काफ़ी हद तक नियंत्रित किया है। उनकी इस हैसियत को हिन्दी में लगभग सभी कवियों ने स्वीकार किया है। नामवर सिंह की दृष्टि में विनोद हिन्दी के अकेले कवि हैं जिन्होंने अपनी कविता के चलते अपनी एक निजी छवि निर्मित की है। तो दूसरी तरफ़ अशोक वाजपेयी की दृष्टि में 'वे अब समयविद्ध कवि ही नहीं रह गए हैं। अपने समय में तो अनायास भी हुआ जा सकता है, लेकिन अपने समय को पार करने की स्थिति कोशिश से ही आती है यह कोशिश कवि-कर्म की बुनियादी कोशिशों में से है। अपने स्वभाव में भले ही रोमांटिक जान पड़े अपने प्रतिफल में वह हमेशा ही क्लासिक है।'

दरअसल विनोद जी की कविता की यह क्लासिक उपलब्धि 1971 में प्रकाशित पहचान सीरीज के काव्य-संग्रह 'लगभग जयहिंद' के साथ ही प्रकट हो गई थी। उसके ठीक दस वर्षों बाद उनका दूसरा काव्य-संग्रह 'वह आदमी नया गरम कोट पहिनकर चला गया विचार की तरह' (1981) कविता की वापसी के वर्ष में प्रकाशित हुआ।

ठीक दस वर्ष बाद उनका तीसरा महत्त्वपूर्ण काव्य-संग्रह 'सब कुछ होना बचा रहेगा' प्रकाशित हुआ। विनोद जी शुरू से ही एक विरल संवेदना के कवि के रूप में विख्यात हुए। पर उनके काव्य-विवेक की इस उपलब्धि को मार्क्सवादी लेखन सशंकित होकर देखता रहा। उन्हें उस दौर में आमतौर पर कौतुक और विस्मय पैदा करने वाला कवि ही माना गया। ख़ास तौर से विनोद जी की कविता में शब्दों का चतुराई भरा जो खिलवाड़ है, वह श्रीकांत वर्मा के विटों से भी आगे था। लेकिन उनकी काव्यात्मक ऊष्मा को अनदेखा कर दिया गया। उन्हें नज़रअंदाज करने की दूसरी वजह भोपाल घराने से जुड़ना भी था। आजकल किसी कवि के समग्र अवदान

को ठीक-ठीक जाँचने-परखने का हिन्दी में जो रिवाज है, वह बहुत ख़तरनाक है।

आश्चर्यजनक रूप से विनोद कुमार शुक्ल के तीसरे संग्रह 'सब कुछ होना बचा रहेगा' के प्रकाशित होते ही उनकी कविता के बारे में बनाई गई पूर्व धारणाएँ जैसे ध्वस्त हो गईं। इस संग्रह की तमाम कविताओं की उपस्थिति ने यह सिद्ध कर दिया कि केवल विचारधारा के पुल पर आराम से चलने वाले कवि ही श्रेष्ठ और महान कवि नहीं हो सकते बल्कि वे कवि भी, जो शोर और नारे से परे जाकर समाज और मनुष्य से प्रतिबद्ध ऐसी कविताएँ लिख रहे हैं या बेहतर लिख सकते हैं, जिनके पास आज विचारधारा का मान्यताप्राप्त पुल नहीं है। विनोद कुमार शुक्ल विचारधारा के पुल से होकर रास्ता तय करने वाले कवि नहीं हैं, बल्कि वे कविता की नदी को ख़ुद तैर कर पार करने वाले कवि हैं। कम से कम उनके लम्बे कवि-कर्म का संघर्ष यही प्रतिमान हमारे सामने रखता है। वे हिन्दी कविता के संसार में उन थोड़े से कवियों में हैं जिन्होंने चालू मुहावरे को तोड़कर अपनी कविता में संवेदना और काव्य-शिल्प के लिए अनोखा आयाम चुना है। अपनी काव्यभाषा के चुनाव में वे जितने विरल, संयमी और जागरूक कवि हैं, उतना नई कविता के दौर में शमशेर ही थे। पर वे आज की कविता में शमशेर के दूसरे संस्करण नहीं हैं। उन पर रूपवाद और कलावाद का आरोप उतना ही निराधार है जितना भीड़ के बीच किसी अचानक दिखते एक सुन्दर चेहरे को सुन्दर न मानना। पर विनोद की कविता जीवन में केदारनाथ सिंह की तरह केवल सुन्दरता का बखान-भर नहीं है, उनकी कविता में आज के क्रूर समय की समग्र आहटों को तीव्र आवेग में पकड़ने की अन्तहीन बेचैनी मिलेगी।

'सब कुछ होना बचा रहेगा' की 75 कविताओं को पढ़ते हुए अधिकांश कविताओं की जो भावभूमि है, उनमें आपको आज के समग्र जीवन को पकड़ने की कारगर कोशिश मिलेगी। कवि समग्र जीवन के खंड-चित्र दिखाकर ही नहीं सन्तुष्ट हो लेता, बल्कि जीवन के जिस पक्ष को वह चुनता है उसमें वह अपना पक्ष सतर्क काव्य-विवेक के साथ रखता है। बाहर से बेहद शान्त और ठंडी दिखने वाली इन कविताओं में 'बोरसी' की आग सरीखी ऊष्मा और बेचैनी है, जो दुनिया के उस मनुष्य के पक्ष में खड़ी है जो असहाय और निहत्था है। कवि ऐसे मनुष्यों की दुर्लभ प्रजाति को बचाने के लिए कृतसंकल्प है—

मुझे बचाना है। एक-एक कर
अपनी प्यारी दुनिया को
बुरे लोगों की नज़र है
इसे ख़त्म कर देने को
× × ×

कोई मुझे करे बेदख़ल
मेरे घर मेरी दुनिया से
फिर अपने को बचाने
जाने कितना समय लगे
भाग यहाँ से घर
भाग! भाग! मेरी दुनिया सबकी दुनिया
बहुत दूर किसी और जगह
बची रह जाकर
मैं यहीं रहूँगा
लड़ता-भिड़ता
मैं जानता हूँ
कोई दूसरा लोक नहीं
नहीं परलोक
मरकर या
बचकर मैं अपनी ही दुनिया में जाऊँगा
जो करती होगी इंतज़ार मेरे बचने का। (मुझे बचाना है)

ग़ौर किया जाए तो आठवें दशक की कविता के साथ 'बेघर होने की ट्रेजेडी' का जो दंश उभरकर आया था और आज की कविता में घर लौटने की जो अथाह बेचैनी हर युवा कवि की एक जीवनदृष्टि बन गई है, इस परिप्रेक्ष्य में विनोद जी की कविताएँ देखने लायक हैं। इस संग्रह में कोई दर्जन-भर ऐसी कविताएँ हैं जिनमें घर की परिकल्पना पूरी शिद्दत के साथ मौजूद है। उनकी कविता में घर की उपस्थिति मनुष्य की आदिम जड़ों की खोज की तरह है। इन कविताओं में मध्यप्रदेश का रायपुर सम्भाग पूरी समग्रता के साथ उजागर होता है। शायद घर ही वह जगह है जहाँ आदमी अपने को पूरे तौर पर निष्कवच होकर खोलता है—

घर संसार में घुसते ही
पहिचान बतानी होती है
उसकी आहट सुन
पत्नी बच्चे पूछेंगे कौन?
'मैं हूँ' वह कहता है
जब दरवाज़ा खुलता है
घर उसका एक शिविर है
जहाँ वह घायल होकर लौटता है। (घर संसार में घुसते ही)

घर की संवेदना पर हाल के वर्षों में ढेरों कविताएँ लिखी गई हैं, जिनमें कवि अपनी बेचैनी ढूँढ़ते हैं, पर विनोद की बेचैनी केवल घर की खोज नहीं बल्कि वे छिपे हुए उन मनुष्यों की खोज करना चाहते हैं जो इस संसार में रोटी-रोजी के लिए कहीं पिस गए हैं। कवि 'जो मेरे घर कभी नहीं आएँगे' कविता में यही सत्य ढूँढ़ता है। मनुष्यता के सघन आवेग की यह अद्‌भुत कविता है जिससे विनोद की काव्य-संवेदना की अदृश्य ताक़त का अंदाज़ा लगाया जा सकता है—

जो मेरे घर कभी नहीं आएँगे
मैं उनसे मिलने
उनके पास चला जाऊँगा
× × ×
जो लगातार काम में लगे हैं
मैं फ़ुरसत से नहीं
उनसे एक ज़रूरी काम की तरह
मिलता रहूँगा
इसे मैं अकेली आख़िरी इच्छा की तरह
सबसे पहली इच्छा रखना चाहूँगा। (जो मेरे घर कभी नहीं आएँगे)

देखने की बात यह है कि विनोद मानवीय संवेदना का प्रक्षेपण उस साधारण आदमी की खोज में करते हैं, जिसे हमारे समाज में हमेशा अनदेखा किया गया है। इस लिहाज से देखा जाए तो उनकी कविताएँ साधारण जीवन के मनुष्यों की दुनिया की असाधारण खोज हैं। वे अपनी कविताओं में निम्न वर्ग की निपट ज़िन्दगी को चुनते हैं। मध्य वर्ग उनकी कविता में विरल है। अगर मध्य वर्ग कभी कविता में आता भी है तो वे मध्य-वर्ग को तीखी आलोचनात्मक दृष्टि के साथ देखते हैं। उनकी संवेदना मध्यप्रदेश के आदिवासी जनजीवन में जैसे बराबर धड़कती रहती है। पर वे देवताले की तरह सिर्फ़ आदिवासी जीवन की तस्वीरें नहीं उभारते हैं बल्कि उनकी ग़रीब और बेसहारा ज़िन्दगी में घुसकर जीवन के क्रूर यथार्थ का साक्षात्कार कराते हैं। 'कोसाफल के तैयार होते ही' जैसी कविता आदिवासी ज़िन्दगी के यथार्थ का क्रूर साक्ष्य प्रस्तुत करती है—

जंगल के आदिवासियों को
उनकी सम्पूर्ण और अर्धनग्नता में कि कोसावस्त्रफल तैयार हो गया।
उसी स्पर्श को छूते हुए
आदिवासी जन कोसाफल तोड़ने निकल जाते हैं
और मंत्रोच्चार की बढ़ती तीव्रता के

समीप होते होते
प्रत्येक कोसाफल तक पहुँच जाते हैं
× × ×
कोसाफल लेकर जंगल के घने से
आदिवासी अपनी नग्नता में
शाखाओं पत्तियों और हवा का
घना स्पर्श पाते हुए
लौटने लगते हैं बाज़ार की तरफ़
अनेक कालों के बाद
हमारी इस सभ्यता के बाज़ार से
कोसाफल के बदले नमक पा लेने
या आने वाली किसी सभ्यता के बाज़ार से कोई वस्त्र कपड़ा।

(कोसाफल के तैयार होते ही)

दरअसल कोसाफल प्रतीक है—आदिवासी सभ्यता का और उसका बिकना प्रतीक है उनकी बेचारगी भरे जीवन की ट्रेजेडी का, जिसका आज हमारे सभ्य समाज में कोई ख़ास अर्थ नहीं है। आदिवासी ज़िन्दगी आज कितनी असुरक्षित है, इसका उदाहरण है 'जंगल के दिन-भर के सन्नाटे में' शीर्षक कविता। इस कविता में एक आदिवासी लड़की की असुरक्षा का चित्र देखिए—

एक अकेली आदिवासी लड़की को
घने जंगल जाते हुए डर नहीं लगता
बाघ शेर से डर नहीं लगता
पर महुआ लेकर गीदम के बाज़ार जाने से
डर लगता है।

यह डर आज आदिवासी स्त्री का सबसे बड़ा डर है एक सभ्य समाज के बाज़ार में। इस कविता के बहाने विनोद बहुत पहले आज के बाज़ारवाद के दौर में स्त्री असुरक्षा के संकट को भाँप चुके थे।

सभ्यता का यह डर केवल आदिवासी जीवन में ही नहीं है बल्कि आज समाज में व्याप्त असुरक्षा का भी है जो आतंकवादी शक्तियों, गुंडों, मवालियों द्वारा हमारे घरों में व्याप्त हो गई है। 'ऐसे छोटे-से बच्चे से लेकर' कविता में बढ़ते आतंकवाद को उजागर किया गया है—

ऐसे छोटे बच्चे से लेकर
जिनके हाथ साँकल तक नहीं पहुँचते

घर का कोई भी दौड़ता है
दरवाज़ा खोलने
जिसे सुनाई देती हैं
दरवाज़ा खटखटाने की आवाज़।
× × ×
पर ऐसा होता है
कि दरवाज़ा खुलते ही
स्टेनगन लिए हत्यारे घुस आते हैं
और एक-एक को मारकर चले जाते हैं
ऐसा बहुत होने लगता है। फिर भी दरवाज़े खटखटाने पर
कोई भी दौड़ पड़ता है
और दरवाज़ा खटखटाए जाने पर
दरवाज़े बार-बार खोल दिए जाते हैं (ऐसे छोटे बच्चे से लेकर)

ध्यान दिया जाए तो विनोद कुमार शुक्ल केवल वर्तमान के ही समय से मुठभेड़ नहीं करते, बल्कि उनकी कविता अतीत और भविष्य दोनों को लेकर कहीं पर सन्देह और कहीं पर विश्वास भरी नज़रों से देखती है। संग्रह की 'मानुष मैं ही हूँ', 'धौलगिरि को देखकर', 'मैं अदना आदमी', 'एक अजनबी पक्षी', 'जो शाश्वत प्रकृति है उसमें पहाड़ है', 'मंगलग्रह इस समय पृथ्वी के बहुत पास आ गया है', 'प्रत्येक आवाज़ खटका है', 'जाते-जाते ही मिलेंगे लोग उधर के' जैसी कविताएँ विनोद कुमार शुक्ल के कविता-फलक को जाँचने-परखने का बेहतर उपक्रम हो सकती हैं। शायद इस लिहाज से विनोद कुमार शुक्ल समकालीन कविता के एक विरल कवि हैं जो समकालीन कविता में समकालीनता का अतिक्रमण करते हैं। उनकी कविता में अगर आज मंगलग्रह तक पहुँचने की बेचैनी है, सूखे मृत कुएँ की चिन्ता है, धौलागिरि पर्वत के बहाने पूर्वजों को याद करने की इच्छा है, दुनिया के हर ग़रीब आदमी के घर पहुँचने की कोशिश है, युद्ध के भय से आक्रान्त बीसवीं शताब्दी का आतंक है, तो इसलिए कि वे अपनी कविता में समय के आवेग को सिर्फ़ वर्तमान में नहीं देखते हैं, अर्थात् उनकी कविता में समयबद्धता नहीं, वरन् कालबद्धता है। खाड़ी युद्ध से आक्रान्त आज की मनुष्यता दुनिया में एक अजनबी पक्षी की तरह युद्ध के आतंक से भयभीत है। 'एक अजनबी पक्षी' कविता के बहाने युद्ध के इस ख़ौफ़ को इन पंक्तियों में कितने सजीव ढंग से उजागर किया गया है, देखने लायक है—

एक अजनबी पक्षी
एक पक्षी की प्रजाति की तरह दिखा

जो खाड़ी युद्ध के
पहले बम के विस्फोट की आवाज़ से
डरकर यहाँ आ गया हो
हवा में एक अजनबी गंध थी
साँस लेने के लिए
कुछ क़दम जल्दी-जल्दी चले
फिर साँस ली। (एक अजनबी पक्षी)

इन कविताओं को पढ़ते हुए जो विनोद कुमार शुक्ल के काव्य-विवेक की सबसे बड़ी पूँजी है वह है—मानवीय संवेदना की तरल आहट। वे प्राय: अपनी कविताओं में मानवीय संवेदना की ऊष्मा को भरने के लिए कहीं पर गझिन करुणा, कहीं पर दु:ख की करुण पुकार को मिलाकर एक ऐसा मनोलोक रचते हैं, जिससे कविता ज़्यादा मार्मिक और जीवंत हो उठती है। इस संग्रह में बहुत सारी ऐसी कविताएँ हैं, जिनसे इस तथ्य की जाँच की जा सकती है। उदाहरण के लिए यहाँ मैं सिर्फ़ 'कहीं अच्छी हवा सुरक्षित थी' कविता का हवाला देना चाहता हूँ। इस कविता में कार-दुर्घटना के बाद सड़क किनारे पेड़ के नीचे मरी हुई बच्ची के हाथ में गुब्बारे के बहाने जिस मानवीय करुणा से मनुष्य के जीवन की खोज की गई है, वह दुर्लभ है। शुद्ध हवा को जीवन का पर्याय बनाकर इस कविता में जिस तरह मानवीय करुणा की सृष्टि की गई है, वह विनोद जी के काव्य-विवेक का दुर्लभ साक्ष्य है—

कहीं अच्छी हवा सुरक्षित थी
जो साइकिल से भाग रहा था
वह भी पड़ा है
पड़ी हुई साइकिल के पास
भागने में उसे देर हुई
× × ×
दम घुट गया था उस नन्हीं बच्ची का
पेड़ के नीचे जो मरी पड़ी है
उसके हाथ में जो बड़ा-सा फुग्गा है
यद्यपि अभी कुछ पिचक गया है
फिर भी फुग्गे में शुद्ध हवा तो थी
बस उतनी हवा और होती उसके फेफड़े में तो
चार क़दम आगे जाकर वह मरती। पिता ने फुलाया था उसका फुग्गा
मृत पिता की साँस
अभी तक फुग्गे में सुरक्षित है

मृत बच्ची के पास!!! अपनी बच्ची को एक फूला फुग्गा देकर
मैं कुछ बुरा सोचता हूँ। (कहीं अच्छी हवा सुरक्षित थी)

दु:ख के असह्य बोध से भरी यह कविता सड़क पर कार-दुर्घटना का वृत्तांत भर नहीं है, वरन् कविता के बहाने आज की ज़िन्दगी में भाग रहे लोगों के जीवन के अर्थ और सत्य दोनों इसमें उद्‌घाटित हुए हैं। कार से जाते हुए वे लोग हैं जो अपने अर्थ और सत्ता की घुड़दौड़ से सबको रौंदकर आगे निकल जाते हैं।

इस कविता में साइकिल से भाग रहा आदमी जो गिरा पड़ा है, निम्न वर्ग की ज़िन्दगी की हालत का प्रतीक है। निम्न वर्ग की हालत का प्रतीक है वह आदमी जिसकी नन्हीं बच्ची का दम कार से कुचलकर घुट गया है। कविता में गुब्बारे की हवा के बहाने मृत बच्ची के जीवन का जो प्रतीक बनाया गया है, वह कविता में करुणा को जीवित कर देता है। विनोद जी प्राय: ऐसी कविताओं में करुणा के वज़न के बराबर के शब्दों की खोज बड़े धैर्य के साथ करते हैं। फलत: उनकी कविताएँ ज़्यादा प्रभावी हो जाती हैं।

विनोद कुमार शुक्ल के काव्य-शिल्प के बारे में सिर्फ़ यही कहा जा सकता है कि इस संग्रह की कविताएँ उनके अपने अर्जित किए गए काव्य-शिल्प का उत्कृष्ट दौर हैं। जैसा कि मैंने पहले कहा उनके तुक और विट नायाब हैं। पर अब ज़रूरत इस बात की है कि वे अपने इस काव्य-शिल्प को तोड़कर एक नया काव्य-शिल्प रचें। शायद हर बड़ा कवि अपनी बनाई हुई मूर्ति को तोड़कर पुन: बनाता है। यह बार-बार का ढहाना ही उसकी उत्कृष्टता का मापदंड होता है। 'यह सड़क' जैसी कविता अगर उनके काव्य-शिल्प के खिलवाड़ का साक्ष्य है तो यह इस बात का संकेत भी है कि आज कविता की जिस सड़क से वे गुज़र रहे हैं, उन्हें उसे छोड़कर एक नई सड़क की खोज करनी चाहिए जहाँ से उनकी कविता के विकास का एक नया दौर प्रारंभ होगा। पर अभी उनके पास कविता की जो उपलब्धियाँ हैं, वे विरले कवियों को ही नसीब हो पाती हैं। अपने समकालीनों से मुठभेड़ की बजाय अपने समय की कविता को पीछे छोड़ता यह कवि अगर आज की कविता का एक विरल व्यक्तित्व बन सका है तो इसलिए कि उसने अपनी काव्य-यात्रा अपने निजी काव्य-विवेक के साथ तय की है जिसे इस संग्रह की श्रेष्ठ कविताओं में देखा जा सकता है।

विनोद कुमार शुक्ल हिन्दी के उन कवियों में हैं जिनकी कविता का कथ्य, शिल्प दूर से ही चमकता है। इसलिए इधर की कविता पर विचार करते हुए सबसे पहले हमारा ध्यान विनोद कुमार शुक्ल की ओर जाता है। विनोद कुमार शुक्ल की ख़ासियत यह है कि वे आज मौजूदा कवियों की पीढ़ियों के बीच शायद अकेले कवि हैं जो

समकालीन कविता या कहें कि कविता की प्रचलित रूढ़ियों, फ़ैशनों के विरुद्ध जाकर कविता की एक अलग राह पर चलने में यक़ीन रखते हैं।

इस लिहाज से देखें तो विनोद जी 'समयविद्ध' होने के साथ ही साथ 'कालविद्ध' कवि के रूप में सामने आते हैं। अपने समय में रहकर 'काल' को भेदकर कविता कैसे लिखी जा सकती है—इसका दुर्लभ उदाहरण उनका चौथा काव्य-संग्रह 'अतिरिक्त नहीं' (2000) हो सकता है। इस काव्य-संग्रह के भूगोल का जायज़ा लिया जाए तो यह पता करना पाठक के लिए कठिन होगा कि विनोद जी असल में किस भूभाग के कवि हैं। वे आदिवासी जीवन के चितेरे कवि भी लगते हैं और प्रागैतिहासिक काल के गायक भी। आश्चर्यजनक रूप से यह काव्य-संग्रह इतिहास, परम्परा, स्मृति, संस्कृति, अध्यात्म और प्राक् जीवन का अन्वेषण तो करता ही है, उनका उत्खनन भी करता है। दिलचस्प बात यह है कि उनके यहाँ काव्य की सबसे समर्थ क्रिया 'देखना' है। देखने की यह क्रिया उनके काव्य को आश्चर्यलोक में बदल देती है। फलत: वे अपनी अभिव्यक्ति में क्लासिक हो जाते हैं। शमशेर से आगे प्रस्थान। साधारण जीवनानुभवों के बीच से गुज़रते हुए वे चीज़ों और अनुभवों को इस तरह देखते हैं जैसे लगता है ऐसे तो कभी देखा ही न था। देखने की यही अद्वितीयता उन्हें विलक्षण कवि के रूप में पेश करती है। इस संग्रह की कविताओं में 'देखने' की यह क्रिया देखी जा सकती है कि कवि चीज़ों, वस्तुओं, जगहों को उतना ही देखता है जितना उसे 'देखना' है। पर यह 'देखना' सिर्फ़ क्रिया-भर नहीं है बल्कि जीने की प्रक्रिया है। देखने में जीने की यही प्रक्रिया विनोद कुमार शुक्ल को अपने समय से बाहर ले जाकर इतिहास, परम्परा, संस्कृति और यहाँ तक कि आदिमानव तक खींच ले जाती है, जहाँ से वे सबका पुनरीक्षण करते हैं। आज की अधिकांश कविता अपने वर्तमान को देखने के लिए जिस तरह वर्तमान की सतह पर ही अपना माथा कूट रही है, उसे पता नहीं है कि वर्तमान को ठीक-ठीक देखने के लिए अतीत और भविष्य दोनों में झाँकना होता है। विनोद कुमार शुक्ल की कविता वर्तमान के यथार्थ को पकड़ने के लिए अतीत और भविष्य दोनों ओर झाँकती है। फलत: उनकी कविता में दृष्टि की बहुलता और विशिष्टता दोनों साथ-साथ प्रकट होती हैं। कुछ उदाहरण देखें—

एक विशाल चट्टान के ऊपर
एक चट्टान इस तरह रखी हुई है
कि अभी-अभी गिरने को है
यह अभी-अभी गिरने को है पुरातन है
अभी-अभी गिरने को है जैसे शाश्वत है
अभी-अभी गिरने को है एक भविष्य है

पर जो अभी-अभी गिरने को है
कब से कभी नहीं गिर रही है
और इसके नीचे से एक रास्ता जा रहा है
यह कितना नवीन है
कि इस अभी-अभी गिरने को है चट्टान की छाया में
अभी एक चरवाहा आकर खड़ा हो गया है।

(एक विशाल चट्टान के ऊपर)

कितने बहुत हैं
परन्तु अतिरिक्त एक भी नहीं
एक पेड़ में कितनी सारी पत्तियाँ
अतिरिक्त एक पत्ती भी नहीं
एक कोयल नहीं अतिरिक्त
एक नक्षत्र अनगिनत होने के बाद
अतिरिक्त नहीं है
गंगा अकेली एक होने के बाद। (कितना बहुत है)

जीवन जीने की ऐसी आहट में
जब मैं मर जाऊँगा
तब कोई कहेगा
शायद मरा नहीं
तब भी मैं मरा रहूँगा
बरसात हो रही होगी
और मरने के बाद
जीवन जीने की आहट में
अपना छाता भूल जाऊँगा। (जीने की आहट)

बहुत समीप के भविष्य और बहुत समीप के अतीत को इर्द-गिर्द लिए
रात में उपस्थित हूँ
मेरा पुराना
घुन लगी लकड़ी की पेटी में
अतीत का विस्मृत कबाड़ है? और स्मृति में नया बहुत नया।

(अब पहुँच ही गए हैं)

तपते मरुस्थल में
एक-सी पत्ती मिलने का आश्चर्य मिलता है
तो पत्ती के सूख जाने के बाद भी
सारा जीवन उस हरी पत्ती के आश्चर्य को
सहेजे समय से बुरी तरह दुर्घटनाग्रस्त होकर
आज अभी की भाषा में बोलते हुए
भविष्यवक्ताओं की भीड़ में दबकर
भाषाविहीन मेरी चीख़ निकलती है
कभी धर्म और जाति के
राजनैतिक अराजनैतिक जुलूस में दबकर
धर्मविहीन जातिविहीन चीख़ता हूँ (अतीत को स्मरण)

इस अधूरे बने मकान के पीछे एक प्राचीन बड़ा मन्दिर है
पान की दुकान से सटा हुआ एक मन्दिर है
...जगह-जगह इतना प्राचीन है
कि घूमते-घूमते थक चुका हूँ
अँधेरा हुआ
आठवीं शताब्दी के अँधेरे की तरह
मुझे लगता है वही चाय की दुकान होगी
उसके पुराने जर्जर दरवाज़े को खटखटाता हूँ
दरवाज़ा खुलता है
वह दरवाज़ा भी मन्दिर का है
एक ग़रीब छोटी लड़की ढिबरी लिये खड़ी है
यह एक छोटा-सा बहुत ग़रीब शिव का मन्दिर है।
(उस अधूरे बने मकान के पीछे)

मैं अलख देखना चाहता हूँ
उसके होने में अपने को भस्म कर डालने का
माथे पर प्रेम का भभूत लगाए। (यहाँ तक आने की दूरी को)

घंटे को बजाया
घंटे की ध्वनि मैंने सुनी
फिर अनुरणन
...मैं ऐसी ही निर्जनता के लिए फिरता हूँ

और प्रतीक्षा ऐसी ही
असमाप्त होने की राह पर लौटता हूँ
घंटे का अन्तर्नाद
मुझे सुनाई देता है
घंटे का आर्तनाद
आर्तनाद का अनुरणन
असमाप्त मेरा साथ होता है। (घंटे को मैंने बजाया)

इन उद्धरणों के आलोक में विनोद कुमार शुक्ल के काव्य-संसार का जायज़ा मिलता है। जहाँ वे परम्परा और इतिहास की स्मृति में मनुष्य की पहचान करते हैं, यानी देखते हैं। वे अपने देखने के बारे में ख़ुद कहते हैं—'यह देखना/देखने का अतिरिक्त है।...' यह अतिरिक्त देखना ही उनकी कवि-दृष्टि है और उनके कवि-कर्म की अचूक सामर्थ्य भी। देखा जाए तो विनोद कुमार शुक्ल स्मृतियों के कवि हैं। उनकी कविता स्मृति का अजायबघर लगती है। उल्लेखनीय बात यह है कि स्मृति के इस अजायबघर में हर जगह साधारण मनुष्य की उपस्थिति दिखती है। साधारण मनुष्य की इस उपस्थिति को वे इतिहास, परम्परा, संस्कृति, धर्म के भीतर जैसे जाल लगाकर छानते हैं। जैसे वे बताना चाहते हैं कि साधारण मनुष्य की इन सब जगहों में नियति क्या थी। काल के घंटे का जो अनुरणन है उसमें वे साधारण आदमी की आवाज़ का ही पीछा करना चाहते हैं। उस आदमी को पाने के लिए वे कहते हैं—

मैं राजनीतिक अराजनीतिक जुलूस से दबकर
धर्मविहीन जातिविहीन चीख़ता हूँ।

उनके काव्य-संग्रह 'सब कुछ होना बचा रहेगा' में 'मुझे बचाना है' उनकी एक प्रसिद्ध कविता है। इस कविता में वे कहते हैं—

मुझे बचाना है एक-एक कर
अपनी प्यारी दुनिया को
बुरे लोगों की नज़र है
इसे ख़त्म कर देने को।

यह 'बचाना' उनकी कविता की एक ऐसी क्रिया है जो व्यापक स्तर पर इस संग्रह में भी मौजूद है। कवि सभ्यता के अतीत में जाकर ऐसा बहुत कुछ बचाना चाहता है जो सिर्फ़ सांस्कृतिक धरोहर नहीं बल्कि हमारे वर्तमान उजाड़ जीवन के लिए अनिवार्य उपजीव्य है। इसलिए उनकी कविता में सबसे ज़्यादा ज़ोर स्मृति को लेकर है। ऐसा लगता है कि उनकी कविता आज के समय, समाज और मनुष्य के

भीतर चौतरफ़ा व्याप्त स्मृतिहीनता को लेकर बेहद चिन्तित है। इस स्मृति को देखने का अन्दाज़ उनका अतीत के महिमामंडन का नहीं है। उल्लेखनीय तथ्य यह है कि वे स्मृति में उस साधारण जीवन, साधारण मनुष्य की आवाज़ पाना चाहते हैं, जो इतिहास, संस्कृति और हमारी छह हज़ार साल पुरानी परम्परा से बेदख़ल है। उनकी कविता में अतीत के आख्यान को देखकर लगता है जैसे वे परम्परा में दूसरी परम्परा को खोजने के हिमायती हैं। मैं यहाँ विष्णु खरे से इत्तिफ़ाक़ नहीं करता कि 'यह उस गहरे हिन्दुत्व की कविताएँ हैं जिनका कोई लेना-देना भाजपायी या मनुवादी हिन्दुत्व से नहीं है।' देखा जाए तो विनोद कुमार शुक्ल ने यहाँ जो स्मृति, परम्परा और धर्म का पुनरीक्षण किया है वह केवल मनुष्य-दृष्टि का क़ायल है। वे तो ख़ुद कहते हैं कि 'मैं धर्मविहीन और जातिविहीन होकर इतिहास और परम्परा के आँगन में चीख़ रहा हूँ।' आज के धर्मान्ध दौर में एक कवि सिर्फ़ इसी निगाह से परम्परा से संवाद क़ायम कर सकता है। वरना धर्मान्ध शक्तियाँ कवियों, बुद्धिजीवियों को अपनी ओर खींच लेने के लिए आतुर हैं। दुर्भाग्यवश आज अनेक बुद्धिजीवी इसी भ्रमजाल के चलते वर्तमान व्यवस्था के शिकार हो गए हैं। विनोद कुमार शुक्ल इस मामले में ख़ासे चौकन्ने हैं। वे जानते हैं कि हमें क्या चुनना है, क्या बचाना है और क्या हमेशा के लिए छोड़ देना है। कवि का परम्परा और स्मृति से कैसा सरोकार है, इस तथ्य को जानने के लिए काव्य-संग्रह की अन्तिम कविता 'पुराना ज़ंग लगा ताला कहीं दिखता है' ख़ास तौर पर पठनीय है। सभ्यता के इस दौर में जब बाज़ारवाद का जादू हमारे सिर पर चढ़कर बोल रहा है, ऐसे में परम्परा और स्मृति के दरवाज़े पर जो ज़ंग लगा ताला झूल रहा है उसको खोलने के लिए हम चाभी कहीं भूल चुके हैं। कवि चेतावनी देता है—

चुपचाप आते-जाते रहने में
पैर की ठोकर से कभी
झन्न से आवाज़ होती है
यह विरासत के खुले संसार के कोने में पड़ी
विरासत की ज़ंग खाई चाबियों के गुच्छे की है
ताले में बन्द मन
आगे न बढ़ पाने के कारण
खिन्न होता है
वहीं कोने में पड़ी चाबियों का झन्न होता है
कोना जो सबका कोना हो
इतना कोना नहीं कि सबके हृदय का कोना
उतना कोना भी नहीं कि दिमाग़ का कोना...कि पीढ़ी-दर-पीढ़ी

भविष्य के ताले जड़ जाते हैं
भविष्य के ताले में ज़ंग नहीं लगता
जब दिखता वर्तमान नया
तथा दस बाई दस फ़ुट के कमरे की सड़क में
नई चाबी मिलने का संयोग नहीं होता।

(पुराना ज़ंग लगा ताला कहीं दिखता है)

इन कविताओं को पढ़ते हुए एक बात जो विनोद कुमार शुक्ल के काव्य-विवेक की सबसे बड़ी पूँजी लगती है, उसे मैं फिर दोहराता हूँ, वह है मानवीय हस्तक्षेप के ज़रिये मानवीय संवेदना की सघन खोज। विनोद प्राय: अपनी कविताओं में मानवीय संवेदना की ऊष्मा भरने के लिए कहीं पर गझिन करुणा और कहीं पर दु:ख की करुण पुकार को मिलाकर एक ऐसा मनोलोक रचते हैं जिससे कविता बराबर उनके लिए नैतिक कार्यवाही बन जाती है। यह नैतिक कार्यवाही हमेशा साधारण मनुष्य के साथ खड़ी होती है। ऐसा करते हुए वे उच्च वर्ग के साथ मध्य वर्ग की सुविधाभोगी दुनिया की धज्जियाँ उड़ाते हैं और अपने कवि को वहाँ खड़ा करते हैं जहाँ वंचितों, पीड़ितों की दुनिया भूख से दम तोड़ रही है। इस संग्रह में ऐसी कई कविताएँ हैं जैसे 'हताशा में एक व्यक्ति बैठ गया था', तथा 'अपने हिस्से में लोग आकाश देखते हैं', 'कि कुछ दिनों तक', 'जंगल के उजाड़ में' जहाँ विनोद जी सामाजिक और राजनीतिक यथार्थ की गहरी छानबीन करते हुए व्यवस्था की निर्मम चीरफाड़ करते हैं। तभी तो वे कहते हैं—

सबके हिस्से की हवा वही हवा नहीं है
अपने हिस्से की भूख के साथ
सब नहीं पाते हैं अपने हिस्से का पूरा भात
बाज़ार में जो दिख रही है
तन्दूर में बनती हुई रोटी
सबके हिस्से की बनती हुई रोटी नहीं है
जो सबकी घड़ी में बज रहा है
वह सबके हिस्से का समय नहीं है
इस समय।

(अपने हिस्से में लोग आकाश देखते हैं)

आर्थिक विषमता से भरे इस समाज में जिसे हम आम आदमी मानते हैं क्या हम उस आदमी को समाज में इज़्ज़त और प्रेम दे पाते हैं? एक ग़रीब आदमी की समाज में नियति क्या है, इस सत्य को जितनी बेधकता और गहरी करुणा के साथ कवि पकड़ने की कोशिश करता है, वह मनुष्यता की खोज का दुर्लभ अनुभव है—

अधिकतर लोगों ने उसे बुरा कहा
न्यायपालिका ने बल्कि हत्यारा भी
जितना मुझे उस आदमी के अच्छे होने पर विश्वास था
उतना सत्ता और सर्वोच्च न्यायपालिका पर कभी नहीं था
वह एक ग़रीब आदमी था। (कि कुछ दिनों तक)

कवि ऐसे लाचार लोगों की हताशा और दु:ख को जानने की कोशिश करता है। वह कहता है—

मैं व्यक्ति को नहीं जानता था
हम दोनों साथ-साथ चले
दोनों एक दूसरे को नहीं जानते थे
साथ-साथ चलने को जानते थे। (हताशा से एक व्यक्ति बैठ गया था)

जिन लोगों को आज भी विनोद कुमार शुक्ल कलावादी और रूपवादी कवि नज़र आते हैं, उन्हें इस संग्रह की कविताओं से गुज़रना चाहिए और अपने पूर्वग्रह की पड़ताल करनी चाहिए। यह अलग बात है कि उनकी कविता आसानी से पकड़ में नहीं आती क्योंकि वे कविता के पहले पाठ के कवि नहीं हैं। कई बार उन्हें अन्वय करके पढ़ना पड़ता है। अपने अनोखे शिल्प-विन्यास के कारण उनकी कविता शब्दों का खेल करती है, पर देखा जाए तो यह खेल नहीं बल्कि हुनर है। यह दूसरी बात है कि उनकी कविता में इसका अच्छा-ख़ासा दुहराव इकट्ठा हो गया है जिसे हर हाल में अब तोड़ने की ज़रूरत है। यह तथ्य दिलचस्प हो सकता है कि आज़ादी के बाद की कविता के इतिहास में रघुवीर सहाय वाक्यों, श्रीकान्त वर्मा शब्दों और अब विनोद कुमार शुक्ल क्रियाओं के कवि लगते हैं। क्रिया शब्दों का ऐसा चातुर्य भरा प्रयोग अन्यत्र दुर्लभ है।

कहना चाहिए कि विनोद कुमार शुक्ल की कविता समकालीन कविता के दृश्य पर समकालीन जीवनानुभव को प्राचीनता से, प्रकृति से मनुष्य को जिस तरह उद्‌घाटित करती है उससे कविता की एक दूसरी दुनिया की खिड़की खुलती है। इस दुनिया को देखने के लिए विनोद कुमार शुक्ल जैसी 'अतिरिक्त' देखने की दृष्टि और कला चाहिए।

यह अलग से बताने की ज़रूरत नहीं कि विनोद कुमार शुक्ल की कविताएँ मुझे क्यों पसन्द हैं। उनकी कविताओं का यह चयन सम्पादित करने के पीछे मेरा काव्यबोध ही उत्तरदायी है जिसने मुझे इन कविताओं से बरबस बाँधे रखा। मैं जिस जीवन को अंगीकार करके उससे लड़ता-भिड़ता, लहूलुहान होकर बार-बार ज़ख़्मी होता हूँ, उस मुश्किल घड़ी में ये कविताएँ हमसफ़र ही नहीं बनतीं, बल्कि हमारी

अधीर आत्मा को फिर से लड़ने, आगे चलने की हिम्मत देती हैं। इसलिए यद्यपि यह चयन मेरी रुचि का है पर उम्मीद करता हूँ उन असंख्य पाठकों-मित्रों का भी है जो ज़िन्दगी की राह पर चलने से हताश नहीं हैं जैसा कि विनोद जी की ये काव्य-पंक्तियाँ एक हताश व्यक्ति को सहारा देती हुई बुलाती हैं—

हताशा में एक व्यक्ति बैठ गया था
व्यक्ति को मैं नहीं जानता था
हताशा को जानता था।

31 दिसम्बर, 2005 **—अरविन्द त्रिपाठी**
गोरखपुर (उ.प्र.)

आकाश धरती को खटखटाता है

मैं दीवाल के ऊपर

मैं दीवाल के ऊपर
बैठा
थका हुआ भूखा हूँ
और पास ही एक कौआ है
जिसकी चोंच में
रोटी का टुकड़ा
उसका ही हिस्सा
छीना हुआ है
सोचता हूँ
कि हाय!
न मैं कौआ हूँ
न मेरी चोंच है—
आख़िर किस नाक-नक़्शे का आदमी हूँ
जो अपना हिस्सा छीन नहीं पाता!!

1960

वृक्ष की सूखी

वृक्ष की सूखी
टहनियों के समानान्तर
मैंने अपनी
दो सुन्न बाँहें फैलाईं
और फुनगी पर एकटक दृष्टि

यह चाहता हूँ
कि जब पानी आए
तो पहले आँखें भिगो दे

फिर कोई चिड़िया
मेरी बाँहों की हरियाली में
घोंसले बनाए
अंडे दे।

1960

बाज़ार की सड़क

बाज़ार की सड़क
व्यस्त आदमी
और उसके दोनों हाथों
गंदा झोला
कहीं फटा। एक ख़ाली और दूसरा भरा।
जिसके अन्दर
आलू भाजी गरम मसाले की पुड़िया
और मिर्चा
लाल या हरा!

काश! मैं!!
दस रुपए का नोट बनकर
उसकी झोली में पनाह पाता।

मैं अपनी ही झोली में
घुसा हुआ था।

1960

वह आदमी नया गरम कोट पहिनकर चला गया विचार की तरह

वह आदमी नया गरम कोट पहिनकर चला गया विचार की तरह।
रबड़ की चप्पल पहिनकर मैं पिछड़ गया।
जाड़े में उतरे हुए कपड़े का सुबह छः बजे का वक़्त
सुबह छः बजे का वक़्त, सुबह छः बजे की तरह।
पेड़ के नीचे आदमी था।
कुहरे में आदमी के धब्बे के अन्दर वह आदमी था।
पेड़ का धब्बा बिल्कुल पेड़ की तरह था।
दाहिने रद्दी नस्ल के घोड़े का धब्बा।
रद्दी नस्ल के घोड़े की तरह था।
घोड़ा भूखा था तो
उसके लिए कुहरा हवा में घास की तरह उगा था।
और कई मकान, कई पेड़, कई सड़कें इत्यादि कोई घोड़ा नहीं था।
अकेला एक घोड़ा था। मैं घोड़ा नहीं था।
लेकिन हाँफते हुए, मेरी साँस हूबहू कुहरे की नस्ल की थी।
यदि एक ही जगह पेड़ के नीचे खड़ा हुआ वह मालिक आदमी था
तो उसके लिए
मैं दौड़ता हुआ, जूते पहिने हुए था जिसमें घोड़े की तरह नाल ठुकी थी।

1960

लड़की की इच्छा है

लड़की की इच्छा है—
नदी बहुत बड़ी होती है।

नदी का एक बूँद पानी
बूँद-भर नदी
बूँद-भर गहरी
बूँद-भर बही।

लेकिन लड़की कहती है
तालाब भी बहुत बड़ा होता है।
तालाब का एक बूँद पानी
बूँद-भर तालाब,
बूँद-भर गहरा हो गया।
बूँद-भर ठहरा हो गया।

लड़की की बहुत छोटी इच्छा है।

कितनी छोटी
वह लड़की नहीं जानती।

1960

एक-एक सूखा पत्ता

एक-एक सूखा पत्ता
ठहर-ठहरकर गिरता है।

पेड़ में यह कुछ इस तरह लगातार है।
कि मैं उस पेड़ को बड़बड़ाकर
घड़ी कह देता हूँ। कलाई पर बँधी घड़ी।
साथ वाला सुन लेता है।

समय देखने के लिए बहुत समय लगता है
एक सूखा पत्ता गिरता है, जैसे एक सैकेंड है।
यदि कोई पूछता है कि कितना बजा है
तो मैं ग़ुस्से में कह देता हूँ, मुझे घड़ी देखना नहीं आता।

घड़ी देखने से गर्दन झुकानी पड़ती है।
चाहे सामने एक शीशम का बड़ा पेड़ ही हो।
पूछनेवाला अफ़सर लगता है।
एक कोंपल हरी पत्ती बजा दिया गया है जनाब!
वह बोलता है
चाहे दो कोंपल हरी बत्ती बजा दिया गया हो। साथ वाला बोलता है।
रिक्शा वाला पूछता है मोती बाग जाने के लिए।

साथ वाला कहीं चला गया।

1960

मेरी एक अठन्नी

मेरी एक अठन्नी
खो गई है
मैं उसे ढूँढ़ता हूँ
और मुझे मिल गया है
एक चाँदी का रुपया।
वह रुपया मेरा नहीं था
लेकिन उस रुपए में
मेरे कटे सिर का
निशान है
(तो उस अठन्नी में
ज़रूर मेरा धड़ होगा)
और इसलिए
पूरी मेहनत से
ढूँढ़ ही रहा हूँ
अपनी खोई हुई अठन्नी।
पर हाय! मुझे क्या पता था
कि मेरा अधूरा व्यक्तित्व
एक निन्यानबे का फेर होगा।

1960

मेरे पेट में मेरा दिमाग़

मेरे पेट में मेरा दिमाग़
मेरे पेट में
अकेला मैं गर्भस्थ।
अपने पेट में
अपनी ही जूठन खाकर
बढ़ रहा हूँ
मैं
मैं।
पेंसिल की नोक चबाकर
पेट-भर सोचता हूँ।
मेरे पेट में
मेरा दिमाग़
बग़ीचे-सा खिला हुआ है।

1960

पेड़ की फटी ख़ाकी वर्दी पहिनकर

पेड़ की फटी ख़ाकी वर्दी पहिनकर
ठूँठ यहाँ आकर खड़े हो गए हैं।
एक के बाद एक
लगातार
सैकड़ों क़तारें हैं।
इस तरह बग़ीचा है
या कोई फ़ौजी टुकड़ी थककर खड़ी है।
चारों तरफ़ लोहे के कँटीले तार का घेरा है।
कोई पेड़ बाहर निकल आए
या किसी के पेड़ तक जाने का डर!
सख़्त पहरा!!
शायद सब क़ैदी हैं।
या दुश्मनों का उजाड़ बग़ीचा है
हमारे क़ब्ज़े में।

मैं इतना थका हूँ
कि एक पेड़ से नहीं
एक बग़ीचे से पीठ टेककर
सुस्ता रहा हूँ।

यह बग़ीचा मेरा नहीं है।

1966

राजनैतिक बहस में सूखे को लेकर

राजनैतिक बहस में सूखे को लेकर
मैंने किसी से नहीं कहा
कि नदी के किनारे से
एक झुंड चिड़िया उड़ी है—
जैसे एक लहर कई टुकड़ों में उड़ी है।
लेकिन पड़ोसी कुर्सी पर ऊँघते हुए लोगों के बीच
बैठी हुई किसी चिड़िया को दिखलाकर मैंने हल्ला मचाया
कि टेबिल पर लहर का टुकड़ा है।
दस दोस्तों ने गाकर बताया
कि लहर का टुकड़ा खिड़की से आया।
दीवाल की खूँटी पर बैठा।
मुँह हाथ धोना है। इत्यादि।
और लहर का चेहरा नदी से मिलता-जुलता है।
पानी से भरी बाल्टी का चेहरा नदी से मिलता-जुलता है।
संसद के कंघी के आकार के होने की प्रक्रिया में
सरकार के सिर पर बाल नहीं थे।

1966

बिस्तर भूल गया था

बिस्तर भूल गया था।
दाढ़ी बनाने का सामान था।
बिस्तर भूल जाने से अपने ही कमरे में
रात को चहलकदमी करता हुआ मैं
खानाबदोश हो गया था।
साथ में चार दाढ़ी वाले दोस्त भी शामिल हो गए थे।
आपस में चर्चा हो रही थी।
चहलकदमी वाले क़दम के
बीस क़दम कमरा—बीस क़दम सड़क
वहीं कमरे के अन्दर। तीन क़दम चारपाई।
सिरहाने पाँच मंज़िला बैंक था, जहाँ मैं नौकर था—
तकिए के नीचे रेजगारी रखने की आदत, कारण हो।

दाढ़ी बनाना नौकरी में शामिल था।
हाथ में एक नई ब्लेड लेकर
पूरी गम्भीरता से मैंने कहा कि
अँधेरा छोटे-छोटे बाल की तरह उगा था।
साथियों ने एक साथ कहा कि
बिस्तर भूल गया था और
दाढ़ी बनाने का सामान था।

अँधेरा मेरे कमरे का मुखौटा लगाता था—
कमरे के आकार का अँधेरा
चार घनिष्ठ मित्रों के आकार का अँधेरा
दीवाल पर टँगी हुई कुछ तस्वीरें राष्ट्रपति,

प्रधानमंत्री, माँ-बाप, भाई-बहिन के आकार
का अंधकार।

दिन मेरे कमरे का मुखौटा लगाकर आता था।
और शहर घूमता था।
उभरे गड्ढे की तरह कमरे में
दरवाज़ा बन्द कर धँस गए।
जबकि मेरा स्वतन्त्र देश
एक पक्षी था जो पिंजड़े सहित पेड़ पर जाकर बैठ गया था।
(जैसे मैं कमरे सहित घूमता था)
पीपल के पेड़ पर बैठा।
खजूर के पेड़ पर बैठा।
हुजूर के पेट पर बैठा।

रौबदार आदमी दाढ़ी बनाकर रौबदार था।
हम दाढ़ी बनाकर नौकरी करते थे।
नागरिकता में ऊँचाई
मैदान एक सपाट समतल सीढ़ी था।
जिस पर मैं चढ़ता या उतरता था
या चलता था।

इस तरह चहलकदमी करते हुए हाथ में
एक नई ब्लेड लेकर मैंने पूरी गम्भीरता से कहा था
कि अँधेरा शायद नकली दाढ़ी-मूँछ लगाकर
आया होगा।
देश की सुरक्षा के लिए चारों दोस्तों ने
और मैंने
पाँच नई ब्लेड बतौर हथियार के
समर्पित किए या आत्मसमर्पण किया था।
क्रान्ति हम लोगों से नहीं हुई थी।
और न कमरे में कोई षड्यंत्र किया था।

1966

मुझे उधार लेना है

मुझे उधार लेना है,
पड़ोसी से हाथ मिलाते हुए मैंने कहा
कि आपसे हाथ मिला रहा हूँ और
मेरे पैसे ख़र्च नहीं हुए।

मुझे तुरन्त सूचना मिली
कि बहुत से लोग
बहुत रईस हैं
लेकिन मेरे पैसे ख़र्च नहीं हुए।

बहुत ढूँढ़कर मैंने चश्मा लगाया
मैं चल रहा हूँ
मुझमें ताक़त है
मैं ज़िन्दा हूँ!!
रईस! रईस!!
ज़ोर से मैं चिल्लाया—
मेरे पैसे ख़र्च नहीं हुए।

और बिना उधार लिये
मुझसे काफ़ी कुछ हो गया

जबकि मेरे पास
सौ रुपए का नोट था
उसकी शक्ल
बिलकुल आपके सौ रुपए के नोट की है—

तुलजाराम सेवकराम बैंकर्स!!

मेरी शक्ल आपकी तरह नहीं है इंदरचंद!
मैं बिलकुल नहाया धोया
कपड़े साफ़-सुथरे
मेरी शक्ल क्या ख़राब है!!

आख़िर मुझे क्या करना है
जब मुझे उधार लेना है?

1974

नाके के पास

नाके के पास
सड़क पर मेरा घर।

मेरा रहना शुरू होने के बाद ही
वहाँ नाका हो गया—
नाके के इस तरफ़ मेरा रहना,
रहना रुका हुआ।
बतौर आम सामान के
व्यापारिक संस्थान से निकला हुआ मैं
इस तरफ़ से
उस पार मेरा देखना,
देखना उस पार चला गया।

तुरन्त उसके पीछे-पीछे
धीरे-से
फिर तेज़ी से
मेरा सोचना चला गया।
उसे जाने दिया गया।

मैं जब इस तरह अकेला हुआ
तो खाना खाने का समय हुआ
जैसे नाके के पास
अनाज के गोदाम के नीचे
चौकीदार की सिगड़ी जल रही थी
या सिगड़ी के ऊपर

अनाज का गोदाम चढ़ा हुआ—
ऐसी भूख थी।

इस बार कोयला
इस तरह गीला हुआ
कि बरसात बहुत कम हुई
और घर में
हर बार खाना खाकर उठते ही
भूख लग जाने के डर से डरा—
तो मेरा मामला
घर से अलग होकर
मारवाड़ी बासा गया,
कभी हिन्दू होटल
कभी गुजराती लॉज।

कहीं ठहरने की व्यवस्था नहीं थी
कहीं खाने की।

खाकर कुछ मैं मोटा हुआ
कुछ अक्ल मोटी हुई।

बरसात बस इतनी हुई
कि रंगीन इन्द्रधनुष के टुकड़ों की पट्टियों से
सिले हुए झोले के अन्दर
केवल तीन किलो चावल गुरमटिया।
बासमती, बादशाह भोग, चिन्नोर
किसके बोरे में चला गया?

नाके के पास
सुबह से सोमवार,
घंटों सोमवार रुका हुआ।
सोमवार मालिक के गैरेज का
ट्रक हो गया
माल ले जाता था।

मंगलवार कहाँ से आ रहा होगा।
कहाँ जाएगा?
उसमें क्या लदा होगा?

और दिन इतवार को
आराम करते समय
पीछे से लगातार
दौड़ने की आवाज़ आती
मेरे दौड़ने की आवाज़
मुझसे पिछड़ी हुई।
साल-भर तक साल रुका
कितने साल रुके

थका हुआ देखा मैंने कि
बेचने के लिए
सिर पर बेंच रखकर
जाता हुआ वही बढ़ई
दो क़दम बाद ही
उसी बेंच पर बैठकर सुस्ताने लगा
(वह उसे क्यों बेच रहा था?)

अपने को बैठाकर
मैं भी बैठ गया।

सिर पर बेंच रखकर
बढ़ई खड़ा हुआ
मैं अपने को लादकर खड़ा हुआ
उसे बाज़ार जाना था
मुझे दफ़्तर
नाके के पास सड़क पर मेरा घर।

1975

लकड़हारे यदि जंगल की तरफ़ जाएँ

लकड़हारे यदि जंगल की तरफ़ जाएँ
तो जंगल अपने ही पेड़ों के घेरे में
बचने की कोशिश करते हुए
किसी अन्तिम पेड़ में छिपा रहेगा।

जंगल के बीच से यदि कोई रास्ता है (जंगल में मैदान की लतर)
तो इसी रास्ते से जंगल की जान का निकलना
बहुत परेशानी की बात है
यदि अन्तिम पेड़ बचा है,
अन्तिम पेड़
अन्तिम साँस
हरा भरा, डालियों, पत्तियों, फूलों वाला
आदमी के लिए जो मेहनती हैं।

ख़त्म जंगल की जगह मैदान।

मैदान इधर-उधर
अपने लम्बे-चौड़े फैलाव में दूर तक चारों तरफ़ से
इंतज़ार करता हुआ बढ़ई, कारीगर, मिस्त्री,
रेजा-कुली का, घर होने के लिए।

कभी चट्टान में गुफा होने की प्रकृति
अब मैदान की घर होने की प्रकृति है।

मैदान ख़त्म होने के लिए आख़िरी मकान बनने तक
आख़िरी मकान गोया आराम की साँस—
हवादार छत खिड़कियों वाली
आदमी के लिए जो मेहनती हैं!
हाय! इनमें लकड़ारे, बढ़ई, मिस्त्री का
कोई भी नहीं था घर!!

ठीक-ठीक शहर को बसना है
इस तरह जंगल का दुःख है।

1976

सब जगह तेज़ धूप

सब जगह तेज़ धूप
कुछ लड़कों के पास
कहीं छाया नहीं।

अगर वे ख़ूब सटकर खड़े हों
लाइन से भी, घेरा बनाकर
कंधों पर हाथ रखे हुए
तो भी उनकी छाया
दोपहर में किस काम की।

एक जगह लकड़ियों के लट्ठों
बाँस के गट्ठों को देखकर
उनको बहुत बुरा लगा
कि लट्ठे पेड़ थे।

वहीं उन्होंने
एक बूढ़े को ढूँढ़ निकाला
उसके पास में कुल्हाड़ी थी।
जैसे आग में गरम
छूने में सबको डर लगा।

लड़कों ने
लकड़ियों में आग लगाकर
आग की ऊँची-ऊँची लपटों की

हिलती-डुलती छाया में
धूप से बचने की बात सोची।

उन्होंने सोचा, चिड़िया पकड़ें
तो चिड़िया की छाया भी
पकड़ में होगी।
ख़ूब लम्बा-चौड़ा गड्ढा खोदें
तो ज़मीन के अन्दर
गड्ढे की छाया भी निकलेगी।

थोड़ी देर
उड़ती हुई चील की
ज़मीन में फिसलती हुई छाया में
खड़े होने का खेल
वे दौड़-दौड़ खेले।
लड़के बूढ़े के साथ
झोंपड़ी बनाने में
जुट गए।
काम जल्दी हुआ।
तैयार झोपड़ी में इसलिए सबने कहा—
मैं सबसे पहले!
मेरा काम सबसे अच्छा!!

कुछ लड़के बहुत अच्छे हैं
मैं उनसे मिला।

1976

काम पर जाती हुई औरत

काम पर जाती हुई औरत
इतनी सामान्य कि औरत कम
औरत का दृश्य ज़्यादा!
मेरे देखते कम
सोचते ज़्यादा दृश्य में
उस औरत के पीछे-पीछे जाने के लिए
एक लड़का लोहे के कँटीले तार को
रोता हुआ फाँद गया।
दूसरा तार के नीचे अधनंगा निकल गया।

हवा, चिड़िया, बादल के लिए
कँटीले घेरे का कोई मतलब नहीं,
मेरा मतलब है।

सोचने से भी बरसात में
ज़मीन पर दौड़कर
काले घने बादल
कँटीले तार से नहीं निकलेंगे
तब भी बारिश के बाद तार में
एक छोर से दूसरे छोर तक
बूँदें अटककर रह गई हैं—
डबडबाई फेंसिंग।
जबर्दस्त धोखा कि सच में
बरसात की चिंधियाँ हैं बूँदें
फँसी हैं।

मेरा मतलब है
इसलिए झुककर निकलने से
क़मीज़ फँसती
फाँदने से पतलून।
थोड़ा बहुत मतलब होने से ही
अधनंगा लड़का इतना सामान्य
कि मेरी क़मीज़ ज़रूरी कम
सहूलियत ज़्यादा।
सहूलियत भी नहीं
यदि अधनंगा होता
तो तार के नीचे से
आसानी से निकल जाता।

ज़ोर की झड़ी लगी बरसात में
आसमान में जैसे पानी के लगातार
टूटे तार खिंचते ऊपर से नीचे तक
टूटते बूँद टुकड़े
पानी को गीला करते हुए
गहरा करते हैं।
नदी और भी गहरे तक
भीगकर गीली
जैसे मेरी बनियाइन तक,
अधिक से अधिक रूमाल भी।
बरसात में भीगने की मेरी गहराई—
रूमाल और बनियाइन।
या कहीं एक बड़ी जनसंख्या के लिए पाताल-गिलास
अल्युमीनियम का फूटा हुआ
जिसमें कुछ भर नहीं पाता
बहकर इधर-उधर समुद्र होता है
हिंद महासागर, अरब, पैसेफिक
अटलांटिक होता है।
नियमित रूप से पानी गिरने न गिरने के कारण
हरे रंग का तोता
इतना जाना-पहचाना

कि तोता कम हरा रंग ज़्यादा
तोता यदि निकलेगा
तो पिंजड़े में हरा रंग छोड़कर

एक मरा हुआ हरा रंग
सूर्य निकल आता है सुबह छोड़कर
मरी हुई-सी सुबह—
बड़े तड़के निकलती है
जैसे निकाल दी जाती है।
रात-भर सूर्य के क़ब्ज़े में रही सुबह
बिलकुल प्रात: है बेचारी,
देहातिन, गँवारिन ज़्यादा।—
गुडमार्निंग।

रात से बाढ़ आई है
और ऊपर जिसके बरामदे में जाकर
पनाह लेने की आम धारणा है
सुबह-सुबह इसके सिवाय क्या चारा है
कि बहुत बड़ा बरामदा है!!
और नीचे किसी पेड़ के ऊपर
अपने को डूबने से बचाते हुए
इस आम धारणा में
मुझे कम से कम
दिन का गाना गाना है।
जिसका विश्वास है।
फिलहाल सर्दी से गला ख़राब है
मलेरिया का बुख़ार है।
दूसरे पेड़ पर कव्वे के बाजू में बैठी
रोती ज़्यादा औरत की गोद में
खेलते ज़्यादा बच्चे का
बड़े होने का भरोसा है
न मालूम कब तक
ऐसे लटके रहने का
आजकल का दिन है।

जबकि अभी-अभी पैदा हुई
और अभी-अभी मर गई एक बच्ची
बड़ी होने लगी
इस तरह तड़ाक-फड़ाक काम का दिन
बीतने लगता है
कि रौताइन हो,
रेजा जमादारिन हो,
कुंजड़िन महरिन हो,
विधवा, शादीशुदा, छोड़ी गई
कुछ बेटे कुछ बेटी
पति से कम
बलात्कार से ज़्यादा
बीवी कम, माँ ज़्यादा।

बाप रे बाप!!
ख़राब दिन और ख़राब रातों के घूरे में
उगे हुए टमाटर के पौधे को भी
बर्तन माँजने वाली
मालकिन से पूछकर ले जाती है
कि आने वाले समय में
पानी बोरे बासी भात के साथ
टमाटर की चटनी अच्छी लगेगी
एक दो हरी मिर्च होगी
बहुत चरपरी होगी
या थोड़ी चरपरी होगी।...

धूम-धड़ाका ऐसा होता है कि
खुसर-फुसर होती है
पच्चीस लोग चुपचाप
मुँह लटकाकर खड़े हो जाते हैं
कि साहब से ज़्यादा साहबज़ादा।
पर छब्बीसवाँ ज़रूर कहेगा—
कि ऐसा नहीं होगा।

नए पुराने मकानों की
इतनी आड़ पैदा हो गई है
कि देखते ही लोग ओझल होते हैं
सड़कों से गलियाँ ज़्यादा।

आड़ी-टेढ़ी बहुत पतली गली—
मकानों के बीच
मैदान की फिंकी सड़ी हुई कतरन की ज़मीन पर
काँच की एक गोली चमकती है।
बारिश से धुलकर
धूप बदली में गोली ठहर-ठहर कर चमकती है
धीरे-धीरे धड़कती है
गोया जान बाक़ी है
गोली खेलने वाले पुत्तर से
ज़िन्दगी में कुछ खेल बाक़ी है
अधिक काम बाक़ी है।

पुत्रीशाला के मैदान के बीच से
जाती हुई औरत और तीस-बत्तीस लोग
काफ़ी देर तक दिखते रहेंगे।
सीमेंट के कारख़ाने में
काम करने वाली औरत की
सीमेंट में खाल भूरी दिखती है
खाल में गहरी दरारें
प्रदेश और पड़ोस की जुड़ाई
कैसी फालतू, उखड़ी है
औरत की जात दिखती है।
उसके पैर में ईंट की ठोकर से बने घावों में
रास्ते की मुरम
और मिट्टी भरी है
पैर जैसे नींव गहरी
यह कैसी इमारत
कि सर पर धमेले में ईंटें
और गोद में बच्चा!!

इमारत नहीं बेघर ज़्यादा
इस बेघर में सबका ठिकाना।
उसका कहाँ रहना।

एक का भट्ठी से झुलसा हुआ चेहरा है
या सूर्य से उसने पसीना पोंछा है
लेकिन इस तरह उसने
कमर में अँगोछे को बाँध रखा है
कि बड़ा चुस्त।
बहुत उत्साही वह छब्बीसवाँ
बहुत साँवला है।
कभी वह आगे
कभी पीछे
कभी सबके बीच में
कभी दौड़ने लगता है।

तीस-बत्तीस लोग परन्तु सभी छब्बीसवें
की गिनती गिनते हुए
देखता हूँ कि काम ख़त्म कर
लौटने का उस औरत का
कोई समय नहीं।

वहीं खड़े-खड़े मेरी जगह निश्चित हुई
थोड़ी हुई ज़्यादा नहीं हुई।

बड़ी भद्द हुई।

1976

पाँच साल की सबसे छोटी लड़की

पाँच साल की सबसे छोटी लड़की
दौड़ते हुए मेरे पास आई
—दादा आपकी प्रेमिका आई।

पत्नी ने उसे अपने पास बैठाया
तब तक मैं
नीचे से भागकर
ऊपर दूसरे किराएदार के पास चला गया
जैसे तराई से पहाड़ में।

ऊपर से मैंने बताया
कि मकान मालिक
किराया मैदान में पहाड़ का
पचास रुपया लेता है
अकेला था तब जैसे
पूरा प्रान्त ख़ाली था
तब मकान मालिक
पूरे प्रान्त का किराया
तीस रुपया लेता था?

पत्नी ने प्रेमिका से कहा
कि गुज़र हो जाती है
अब ऐसा लगता है
कि प्रान्त में नहीं
बस किराए के मकान में रहते हैं

झाडू पोंछा प्रान्त में नहीं
घर में लगाते हैं
गृहस्थी बहुत छोटी है
एक लड़का एक लड़की है
दुनिया से कोई मतलब नहीं है।

मैंने कहा कि मतलब है
पलस्तर घर का नहीं
प्रान्त का झरता है
झंझट अपने रसोई-घर में ही नहीं
चूल्हे सबके हैं।

प्रेमिका उदास हो गई
गोया उसे भूख लग रही थी

घर में भी मुझे घर की याद आती है।

1976

प्यारे नन्हे बेटे को

प्यारे नन्हे बेटे को
कंधे पर बैठा
'मैं दादा से बड़ा हो गया'
सुनना यह।

प्यारी बिटिया से पूछँगा—
'बतलाओ आसपास
कहाँ-कहाँ लोहा है'
'चिमटा, करकुल, सिगड़ी
समरी, दरवाज़े की साँकल, क़ब्ज़े
खीला दरवाज़े में धँसा हुआ'
वह बोलेगी झटपट।

रुककर वह फिर याद करेगी
'एक तार लोहे का लम्बा
लकड़ी के दो खम्बों पर'
तना बँधा हुआ बाहर
सूख रही जिस पर
भय्या की गीली चड्डी!
फिर—एक सेफ़्टी पिन, साइकिल पूरी।

आसपास वह ध्यान करेगी
सोचेगी
दुबली-पतली पर
हरकत में तेज़ी कि

कितनी जल्दी
जान जाए वह
आसपास कहाँ-कहाँ लोहा है।

मैं याद दिलाऊँगा
जैसे सिखलाऊँगा बिटिया को
'फावड़ा कुदाली,
टँगिया, बसुला, खुरपी
पास खड़ी बैलगाड़ी के
चक्के का पट्टा,
बैलों के गले में
काँसे की घंटी के अन्दर
लोहे की गोली।'

पत्नी याद दिलाएगी
जैसे समझाएगी बिटिया को
'बाल्टी, सामने कुएँ में लगी लोहे की घिर्री,
छत्ते की काड़ी-डंडी और घमेला,
हँसिया, चाकू और
भिलाई बलाडिला
जगह-जगह लोहे के टीले।'

इसी तरह
घर भर मिलकर
धीरे-धीरे सोच-सोचकर
एक साथ ढूँढ़ेंगे
कहाँ-कहाँ लोहा है—
इस घटना से
उस घटना तक
कि हर वो आदमी
जो मेहनतकश
लोहा है
हर वो औरत
दबी सताई

बोझ उठाने वाली, लोहा!—
जल्दी-जल्दी मेरे कंधे से
ऊँचा हो लड़का
लड़की का हो दूल्हा प्यारा
उस घटना तक
कि हर वो आदमी
जो मेहनतकश
लोहा है
हर वो औरत
दबी सताई
बोझ उठाने वाली, लोहा।

1978

कितना कुछ नुक़सान-हानि

कितना कुछ नुक़सान-हानि
दस रुपए के नोट का
पत्नी से खो जाना
ठीक से उसका
खाना न खाना
इतना दुःख
या भूल गई वह
नोट कहीं सुरक्षित रख
जान-बूझकर
कि जब तक याद नहीं
तब तक जमा रहेगा।

इसी हड़बड़ी खोजबीन में
तोड़ दिया मैंने
चीनी का प्याला
एक और नुक़सान-हानि
घाटे पर घाटा सुबह-सुबह
जबकि घर के दरवाज़े की
चौखट के आजू-बाजू
लाभ-शुभ सिंदूरी लिखा हुआ
पत्नी के द्वारा
बेकार टोटका
नुक़सान बारबार
अच्छा-ख़ासा ज़िन्दगी का।

गया दस रुपए का नोट
यानी पाँच किलो चावल
या सात किलो गेहूँ
पन्द्रह दिन का दाना पानी
या नगदी के पन्द्रह दिन गए
उतने ही दिन बदले में
और जुड़ गए उधारी के,
जीना उधारी का इतना कुल नुक़सान।
वसूल लिए जाने का डर
मर जाने का डर।
—परन्तु कोई ज़रूर नफ़े में
बहुत मज़े में,
व्यापार की दुनिया में
जिसकी चौखट के आजू-बाजू जैसे
पूर्व दिशा
सिंदूरी सुबह
लिखा हुआ वाक़ई 'शुभ है'
और 'लाभ' सिंदूरी अक्षर
पश्चिम शाम का सच।

उत्तर की दिशा
चौखट के अन्दर
एक विशाल कमरे-सी दिशा
उस कमरे के दरवाज़े का
बादल परदा
जल सरका होता है
तब सप्तऋषि तारों का
पूरे ब्रह्मांड में अनोखा
क़ीमती पलंग दिखता है
दुनिया के व्यापारी का बेडरूम
नींद में जहाँ सुख से
एक और नींद सोता वह
उन सबकी नींद
जो सो नहीं पाते

ग़रीबी और भूख में।

पेट-भरे होने पर
खाता रहता
भूख ख़त्म होने पर भूखा
जमाख़ोर जानवर
भयानक सबसे
आदमख़ोर शेर भी जबकि
हमला करने की नहीं सोचता
भरे पेट।
दूर-दूर अलग-अलग
ऊँचे-ऊँचे चलते रहने पर
चलना उसका
चौड़े रास्तों
चौराहों सड़कों पर
चाल बदबूदार गली कूचे की।
जागते रहने पर
जागना चौकस
उन सबके हिस्से का
फिलहाल जो इसीलिए
बीमार बेहोश थके
बेपढ़े लिखे अधनंगे।

सप्तऋषि पलंग के सिरहाने
हाथ बाँधे कुछ दूर
ध्रुव तारा खड़ा दिखेगा
बुझा-बुझा
हुक्म बजा लेने को मजबूर
बिलकुल तैयार
रात-भर
बिना हिले-डुले मुस्तैद
स्वामिभक्त
इतना स्थिर
कि हमारा दिशासूचक

तय होते जिसके कारण
मजबूरी के
समुद्री, हवाई, मैदानी रस्ते
भारवाहक हवाई जहाज़
जहाज़ पानी के
मालगाड़ी
ट्रक, ठेले हम्मालों के
सब जाते हैं अपनी मरज़ी से जैसे
पर जाना पड़ता
उसकी मरज़ी से।

क्यों जाता है आख़िर
दुनिया-भर का
बोझ उठाने वाला
जाने-पहिचाने रस्तों से होकर
आदतन जैसे
गंदी नालियों के किनारे
म्युनिसिपैल्टी के कचरे की ढेरी पर सोने।

हाय! उसका बिस्तर
टूटी बोतलों
गिलासों के काँच टुकड़े,
पाखाना, नाले की लद्दी, बदबू
कूड़ा कर्कट
सिरहाने फटा हुआ बोरा रखा।

जबकि मेहनत करने वालों की तकिया
मैंने सोचा चन्द्रमा है
और फैलकर सो सकने को
पूरे आकाश में बिछा
बादलों का गुलगुला बिस्तरा।
पृथ्वी के सारे फूलों की ख़ुशबू
उठकर
उसके लिए

तब शायद ऊपर से लगेगा
अगरबत्ती से निकलता हुआ धुआँ-सा
दुनिया-भर के कारख़ानों की चिमनी से
और पृथ्वी में
शुभ कार्य हुआ सा होगा
जब काम करने वालों का
यह सब कुछ होगा
कथा मेहनत की होगी।

मैं क्यों न सोचूँ
यह सब कुछ
जबकि दो-दो तीन-तीन दिन भूखे रह
पृथ्वी को सँवारने
अकेली उसकी मेहनत जीवन-भर
पर हाय! हाय!
सिकुड़ा पड़ा हुआ
कचरे की ढेरी पर
स्वप्न में देखता
उसी तरह आकाश
और ध्रुव
दिशासूचक ऐसा
कि उसी कचरे की ढेरी तक
जागने में पहुँच गया।

ग़रीबी सच
व्यापार की दुनिया में
पृथ्वी बहुत भारी मेहनत से
यह भी सच है
कि तराजू के एक पलड़े में
भारी होकर पृथ्वी नीचे
और आसमान टँगा हुआ
दूसरा पलड़ा है
चन्द्रमा और सूरज के बाटों के साथ।

व्यापारी की चिन्ता सच है
कि इतने सारे
तारों के ग्रामबाटों के बावजूद
आसमान के पलड़े में
कुछ और होते
पाँच दस चन्द्रमा सूरज के वज़न
तौलकर
बेच देने के लिए
ख़रीद लेने के लिए
कोशिश इसीलिए यह
कि बची-खुची ज़मीन बेचकर
खेतिहर
एक-एक कर
ज़मीन से अलग कि
जहाँ भी खड़ा
वहीं कूड़े में फिंका हुआ
एक घूरे के बाद
दूसरे रद्दी घूरे में
जाने की रफ़्तार से
चलता हुआ
कभी नहीं रुका
गिरता हुआ
सम्पूर्ण पृथ्वी से।—
क्या! ऐसे में
हो जाती होगी पृथ्वी
हल्की तुल जाने के लिए!!

तारा टूट जाता है।
गिर जाता है
अपने गिरने की
कुछ लम्बाई तक जलता
दिख जाता है कभी।
पृथ्वी से कई गुना बड़े
सूरज से ज़्यादा जलते

न मालूम कितने
गुमनाम अजनबी तारे
टूट जाते हैं
कौन परवाह करता है इसकी!!
पर एक बेदख़ल खेतिहर
मज़दूर ग़रीब
चाहे हो कहीं अँधेरे में
गुमनाम अजनबी-सा
उसकी परवाह बहुत अब
पर वह एक दूसरे की सबको कि—
जिनको होना था एकजुट
होने को अब एकजुट।
जिनको होना था ताक़तवर
होने को अब ताक़तवर।
जो होनी थी आशा
अब है उससे ज़्यादा।
जिनको पूछने थे सवाल
पूछने को सब तैयार।
जिनको देना था जवाब
देना ही होगा।
जिनको माफ़ नहीं किया जाना था
उनको माफ़ नहीं किया जाएगा
जिनको प्यार किया जाना था
करते हैं जीवन से ज़्यादा।

ये दिन और दिनों से ज़्यादा दिन
रात और दिनों से ज़्यादा रात
इसीलिए ध्रुवतारा
और दिनों से ज़्यादा
चमकदार प्यारा
स्थिर लाल
या मुझ में कोई
परिवर्तन स्थिर।

ऐसा कुछ
सम्भव ध्रुव है
कि हाथ बाँधे
ग़ुलाम नौकर-सा
कठोर काला
जिसकी
भुजाओं की मांसपेशियाँ
पसीने से चमकती हुईं
बँधे हाथ
खुलते हुए
झुका सिर
उठता-सा
चेहरे पर शान्ति
पर निश्चय दृढ़
सप्तऋषि तारों की चारपाई से उठाकर व्यापारी को
ज़मीन पर फेंक देने की मुद्रा—
हमारा दिशासूचक
भटकने से रोकने वाला
जागने के आकाश का
वही स्वप्न का भी।

दृढ़ निश्चय से चमकते हुए—
एक दूसरा तारा भी
तीसरा चौथा
एक-एक कर सभी
सबके बँधे हाथ खुलते हुए
झुके सिर उठते से
सबके चेहरे पर शान्ति।
इकट्ठे कितने तारे
मेहनत करने वालों की
दुनिया के आकाश में
ऐसे ही चमकीले
चाँदनी खिली।

देखकर ध्रुवतारा
रास्ता पाते ही
क़दम बढ़ाने के पहले
सबसे आगे का मज़दूर
उठाएगा
ज़मीन की गीली मिट्टी जब
तब उसकी मुट्ठी में दबकर
मिट्टी में होंगे निशान गहरे
हथेली के गट्ठे—
घन कुदाली से
लोहे पत्थरों को तोड़ने के।
आकाश के समानान्तर
हथेली वह फैलाएगा
तब उस पर
गहरे निशान वाली
गोल मिट्टी
लगेगा
तराजू से होकर स्वतंत्र पृथ्वी
ऊपर से गिरती
हथेली पर ठहर गई
शान्त सुरक्षित।

उत्तर दक्षिण ध्रुव
नदी पहाड़ महासागर समुद्र
ग्लेशियर तूफ़ान
मरुस्थल दलदल
उत्तर दिशा से दक्षिण
पूर्व पश्चिम दिशा तक
दिन सुरक्षित होंगे, नगदी के दिन जैसे
ऐसी बेफ़िक्री
कि ज़िन्दगी जीने की
सँवारी मेहनत से।

1978

लगभग जयहिन्द

रौबदार आदमी ने दो सोने के दाँतों की जँभाई ली
मुझे भी जँभाई आने लगी
एक आलीशान आश्चर्य की चर्चा हुई
उसमें भी विस्थापित टिपरिया होटल में
मेरा छोटा भाई तश्तरी प्याले धो रहा था
मैंने उसे दो लात लगाई और ठीक बाएँ मुड़कर
ब्राह्मण पारा की एक गम्भीर मोटी दीवाल से
सटकर चलता गया—
रिश्तेदार मुझे दबाकर चलाता था
खड़े-खड़े मैं घसीटा गया
थककर नीचे बैठते ही
दीवाल और ऊँची हो जाती थी
छलाँग लगाने की मेहनत की तरह
फिर जीवित दिखने के लिए
इधर-उधर हिलते हुए
थोड़ी-बहुत कोशिश
छलाँग लगाने की
जिसमें ख़ास-ख़ास लोगों के लिए
दीवाल के बीच चार कीलों से ठुँका
अपना ही इकतीस साल पुराना
कपड़े पहने हुए
मार छलाँग लगाता हुआ एक फ़ोटो ही
फ़ोटो के बाएँ हाथ से
क़मीज़ की जेब दबाए हुए
जेब में अठन्नी थी

या फ़ोटो में बचत की
आठ आने की स्थिरता
और सामने चहल-पहल करती आबादी
आठ बजे रात को चली गई
में वहीं रहा वाला मज़ाक़ करता हुआ
हँसोड़ दोस्त, ब्राह्मण पारा की
गम्भीर मोटी दीवाल से
पलस्तर उखाड़ता, भागता हुआ
चौखड़िया पारा जाएगा या मसानगंज
पलस्तर के उखड़ने से
मुझे गुदगुदी होती थी
ईंटें उखाड़ेगा तो हँस दूँगा
जैसे हँसना एक गोरिल्ला उदासी होकर
एक जबर्दस्त तोड़फोड़ की कार्रवाई की तरह ठहाका मारना
जिसमें ब्राह्मण पारा की गम्भीर मोटी दीवाल की जगह
समतल मैदान वाला खेलकूद वाला मज़ाक़ करता हुआ
हँसोड़ दोस्त—
चर्चा ने मुझे इस तरह उखाड़ा
कि मेरी पूरी बाँह की क़मीज़ उस दीवाल पर फैली थी
क़मीज़ की दोनों कलाई पर कीलें ठुकी थीं

आराम करने के पहले
जिस कील में मैं कपड़े टाँगता था
वह भविष्य नहीं था
निश्चय ही हमारा भविष्य नमस्कार हो गया
जाते वक़्त जयहिन्द था
लगभग जयहिन्द
सरासर जयहिन्द
एक राजनीतिक नमस्कार भाई साहब!
ख़ुदा हाफ़िज़ सैयद गुफ़रान अहमद!!
हर बार धक्कामुक्की में अदब के साथ मुस्कुरा कर
पट्टेवाली चड्डी पहने हुए मैं अलग हुआ
कन्धे पर तौलिया हो गई
जँभाई हो गई

सुबह-सुबह नहाना हो गया
साबुन की एक बट्टी हो गई
बाएँ नहानी घर हो गया
दाहिने पेशाबघर होगा
चड्डी में पत्नी की फटी पुरानी साड़ी की
मज़बूत किनार के नाड़े में गठान लगाता हुआ
परिवार हो गया
या एक लम्बी क़ीमत दिमाग़ में नाड़े की तरह पड़ी हुई
जिसकी गठान खोलने या तोड़ने की कोशिश में
मेरी हर चाल क़ानून के गिरफ़्त में थी
सोचते ही विचार क़मीज़ और पतलून पहनकर खड़ा हो गया
हाय! मैं चड्डी पहनकर अलग हुआ?
क्या सौम्य भुखमरी थी?
कि ख़ानसामा अच्छा खाना बनाता था
मैं नागरिक हो गया
या अनिमन्त्रित रह गया
दिमाग़ के पिछवाड़े की दीवाल फाँदकर
कचहरी के पिछवाड़े के घूरे में उतरकर ज़िन्दगी दफ़्तरी उपस्थित हो गई
हा! हाय! आँखों को बाँधी गई पट्टियों की
बनी हुई पट्टे वाली चड्डी में
कचहरी का न्यायाधीश नाड़े डालता हुआ बैठा था
और ऊपर की खिड़की से चमकीला बिल्ला लगाए
अर्दली मुझको घूरता था
क्या मैं दुमंज़िले से नंगा दिखता था
अर्दली ने मुझको कचहरी के घूरे से
पुराने कार्बन काग़ज़, शासन सेवार्थ लिफ़ाफ़े
पुरानी सरकारी टिकटें ढूँढ़ते देख लिया था
इसी कार्बन काग़ज़ से
मेरे छोटे भाई की शक्ल
मुझसे मिलती-जुलती थी
कार्बन काग़ज़ से रौबदार आदमी का लड़का
हूबहू रौबदार आदमी हो गया
लेकिन मैं अपने बाप की तरह नहीं था
मैं अपने दोस्त की तरह नहीं था

मैं अपने दुश्मन की तरह नहीं था
मैं संविधान भूल गया था
न्यायाधीश की नाक बहुत लम्बी थी
मेरी नाक बेढंगी थी
क्या शक्ल थी!!
खाना खाने के बाद पान के ठेले वाली दृष्टि
या भूख लगने के बाद जँभाई वाली दृष्टि
मेहनत हुई तो आँखों की जगह खुराफाती दृष्टि
नुकीली तेज़
अपने को ही आँखों की जगह चुभ रही थी
दौड़-धूप हुई तो ब्राह्मण पारा से भागता-भागता
हँसोड़ दोस्त ईदगाह-भाटा तक चला गया
मैं नौकरी की तरह सड़क के बाएँ चलते हुए
नौकरी की तरह बाएँ चलता रहा
नौकरी की तरह पाँच घंटे सो लिए
नौकरी की तरह चार अख़बार पढ़ लिये
राम टाकीज़ या सोचकर कृष्ण टाकीज़ हो लिये
फ़ुरसत के समय सड़क के बीच आकर
टेनिस के खेल के मैदान से दो मील दूर
आने-जाने वाली मोटरगाड़ियों
और भीड़ से होने वाली दुर्घटनाओं से
बचने का अभ्यास करता हुआ पाया गया
न टाँग टूटी, न हाथ टूटा, न विश्वविद्यालय, न कृष्णा टाकीज़
न डाक बँगला, न दिल्ली, न बनिया पारा
सही-सलामत होता हुआ, इतना ठहरा हुआ भागा
कि एक पूरी की पूरी
चहल-पहल-आबादी
मेरे पैरों से विस्थापित हो गई
मैं पिछड़ गया
या एक तीन मंज़िला मकान ही
मेरे पैरों से चल रहा होगा—
बोझ लादने में बेईमानी की हद है
जब कि तीन मंज़िला मकान के
केवल दो कमरों में रहता था

जिसका एक पूरा का पूरा कमरा पाखाना था—
जब भी लौटता था
मेरा हँसोड़ दोस्त मेरे पेट की ख़राबी का
मज़ाक़ उड़ाता था
या शक्ल पर ज़रूरत से ज़्यादा कटे हुए बाल का
सोनारपारा से आते-आते रौबदार आदमी के बाप के बाल
चाँदी की तरह सफ़ेद थे
चाँदी और सोने की दुकान में
शायद बाल कटवाने घुसा होगा
मेरा बाप ख़िजाब लगाकर
मुझे सब्ज़ी बाज़ार में ढूँढ़ता रहा
लेकिन उसे मेरा छोटा भाई मिल गया
ईंटे पर बैठकर नउव्वे से सिर घुटाता होगा।

1965

रायपुर बिलासपुर सम्भाग

रायपुर बिलासपुर सम्भाग
हाय! महाकौशल, छत्तीसगढ़ या भारतवर्ष
इसी में नांदगाँव मेरा घर
कितना कम पहुँचता हूँ जहाँ
इतना ज़िन्दा हूँ
सोचकर ख़ुश हो गया कि
पहुँचूँगा बार-बार
आख़िरी बार बहुत बूढ़ा होकर
ख़ूब घूमता जहाँ था
फलाँगता छुटपन
बचपन-भर
फलाँगता उतने वर्ष
उतने वर्ष तक
उम्र के इस हिस्से पर धीरे-धीरे
छोटे-छोटे क़दम रखते
ज़िन्दगी की इतनी दूरी तक पैदल
कि दूर उतना है
नांदगाँव कितना अपना!

स्टेशन पर भीड़
गाड़ी खड़ी हुई
झुंड देहाती पच्चासों का रेला
आदमी औरत लड़के लड़की
गन्दे सब नंगे ज़्यादातर
कुछ बच्चे रोते बड़ी ज़ोर से

बाक़ी भी रुआँसे सहमे
जुड़े-सटे एक दूसरे से इकट्ठे
कूड़े-कर्कट की गृहस्थी का सामान लाद
मोटरा, पोटली, ढिबरी, कंदिल
लकड़ी का छोटा-सा गट्ठा
एक टोकनी में बासी की बटकी हंडी
दूसरी में छोटा-सा बच्चा
छोटी सुन्दर नाक, मुँह छोटा-सा प्यारा
बहुत गहरी उसकी नींद
विषय के गर्भ में उलटा पड़ा हुआ
बहुत ग़रीब बच्चा
वर्तमान में पैदा हुआ।

भोलापन बहुत नासमझी!!
पच्चासों घुसने को एक साथ एक ही डिब्बे में
लपकते वही फिर एक साथ दूसरे डिब्बे में
एक भी छूट गया अगर
गाड़ी में चढ़ने से
तो उतर जाएँगे सब के सब।

डर उससे भी ज़्यादा है
अलग-अलग बैठने की बिलकुल नहीं हिम्मत
घुस जाएँगे डिब्बों में
ख़ाली होगी बेंच
यदि पूरा डिब्बा तब भी
खड़े रहेंगे चिपके कोनों में
या उकड़ू बैठ जाएँगे
थककर नीचे
डिब्बे की ज़मीन पर।

निष्पृह उदास निष्कपट इतने
कि गिर जाएगा उन पर केले का छिलका
या फल्ली का कचरा
तब और सरक जाएँगे

वहीं कहीं
जैसे जगह दे रहे हों
कचरा फेंकने की अपने ही बीच।

कुछ लोगों को छोड़
बहुतों ने देखा होगा
पहली बार आज
रायपुर इतना बड़ा शहर
आज पहली बार रेलगाड़ी रोड रोलर, बिजली नल
छोड़कर अपना गाँव
जाने को असम का चाय बगान, आजमगढ़
कलकत्ता, करनाल, चंडीगढ़
लगेगा कैसा उनको, कलकत्ता महानगर!!

याद आने की होगी
बहुत थोड़ी सीमा
चन्द्रमा को देखेंगे वहाँ
तो याद आएगा शायद
गाँव के छानी छप्पर का, सफ़ेद रखिया
आकाश की लाली से
लाल भाजी की बाड़ी
नहीं होगी ज़मीन
जहाँ जरी खेड़ा भाजी
आँगन में करेले का घना मंडप
जिसमें कोई न कोई हरा करेला
छुपकर हरी पत्तियों के बीच
टूटने से छूट जाता
दिखलाई देता
जब पककर लाल बहुत हो जाता—
देखेंगे जब पहली बार
सुबह-शाम का सूरज
छूटकर रह गया वहाँ दिन
छूटकर सुबह-शाम का सूरज।

दूर हो जाएगी गँवई, याद आने की अधिकतम सीमा से भी
क्षितिज के घेरे से मज़बूत और बड़ा
कलकत्ते का है घेरा
कि अपनी ही मजबूरी की मज़दूरी का
ग़रीबी अपने में एक बड़ा घेरा।

नहीं-नहीं, मैं नहीं पहुँच सकूँगा नांदगाँव
मरकर भी न ज़िन्दा रह
टिकट कर दूँ वापस
चला जाऊँ तेज़ भागते
गिरते पड़ते हाँफते
देखूँ झोंपड़ी एक-एक
कितनी ख़ाली
क्या था पहले
क्या है बाक़ी
छूट गई होगी धोखे से
साबुत कोई हंडी
पर छोड़ दिया गया होगा दुःख से
पैरा तिनका तक
अरहर काड़ी एक-एक।

समय गुज़र जाता है
जैसे सरकारी वसूली के लिए साहब दौरे पर
फ़िलहाल सूखा है
इसलिए वसूली स्थगित
पिटते हुए आदमी के बेहोश होने पर
जैसे पीटना स्थगित।

देखना एक ज़िन्दा उड़ती चिड़िया भी
ऊँची खिड़की से फेंक दिया किसी ने
मरी हुई चिड़िया बाहर का भ्रम
कचरे की टोकरी से फेंका हुआ मरा वातावरण
मर गया एक बैल जोड़ी की तरह
एक मुश्त रायपुर और बिलासपुर

इसे महाकौशल कहूँ या छत्तीसगढ़!!

मर गया प्रदेश
मर गई जगह पड़ी हुई उसी जगह
उत्तरप्रदेश, राजस्थान
बिहार, कर्नाटक, आंध्र
बिखर गई बैलों की अस्थिपंजर-सी सब ज़मीन उत्तर से दक्षिण
ज़मीन के अनुपात से
आकाश को गिद्ध कहूँ
इतना भी नहीं काफ़ी
जितना, अकेला एक गौंठिया काफ़ी
फिर मरे हुए दिन की परछाई रात अँधेरी।

शब्द खेत शब्द पत्थर
मेड़ के नीचे धँसे पत्थर
बल्कि चट्टानें
फ़ॉसिल हुई फ़सलें
दृश्य तालाब का
गड्ढे का दृश्य साफ़ है
तालाब का पंजर
पपड़ाया हुआ मन तालाब का भीतरी
जिसमें सूखी हरी काई की परत
सूख गया हरा विचार तालाब का
पार के ऊपर जाकर
मन्दिर के पास खड़ा
किसी पेड़ के जैसे एक पुराना बरगद
पेड़ का नीम सूखा
'था एक पेड़' की कहानी की शुरुआत
लकड़ी के पेड़ के बबूल पीपल
लकड़ी की अमराई।

एक ग़रीब खेतिहर के बेदख़ल होते ही
छूटकर रह गई ज़मीन
ज़मीन का नक़्शा होकर

टँग गई ज़मीन दीवाल पर
कि हिमालय एक निशान हिमालय का नक़्शे में
नदियाँ बड़ी-बड़ी बस चिन्ह नदियों के
पुल, रेलगाड़ी की पटरी, सड़क
और निशान समुद्रों के
नक़्शा पूरा टँगा हुआ देश का दीवाल पर
कहाँ नांदगाँव उसमें मेरा घर
बहुत मुश्किल ढूँढ़ने में
पारी नाला, नदी मुहारा
रास्ता पगडंडी का
घर आँगन, एक पेड़ मुनगे का
अजिया ने जिसे लगाया था
दो पेड़ जाम के
बापजी, बड़े भय्या के, और चाचा की छाया,
अम्मा से तो एक-एक ईंट घर की
और चूल्हे की आगी
बहुत थककर एक कोने में पड़ जाती
बहुत मुश्किल इन सबका उल्लेख नक़्शे में।

नहीं कोई चिन्ह
तालाबों में खिले हुए कमल का
तैरती छोटी-छोटी मछली
झींगा, संगी, बामी, कातल
कूदते नंग-धड़ंग छोटे-बड़े, गाँव के लड़कों का
तकनीकी तौर पर भी मुश्किल
यह सब नक़्शे में
जब गाँव बहुत से और छोटे-छोटे हों
ग़रीब करोड़ों और रईस थोड़े हों
जब तक न वहाँ बड़े कल-कारख़ाने
याँ बाँध ऊँचे हों।

बिना जाते हुए प्लेटफ़ॉर्म पर खड़े-खड़े
जब याद आते है नांदगाँव पहुँचने के
छोटे-छोटे-से देहाती स्टेशन

इधर से रसमड़ा, मुड़ीपार, परमालकसा
उधर से मुसरा, बाँकल
तब लगता है मैं कहीं नहीं
बस निकाल दिया गया दूर कहीं बाहर सीमा से—
निहारते नक़्शे को नक़्शे के बाहर खड़े-खड़े
लिए हाथों में एक झोला
एक छोटी पेटी का अपना वज़न—
फिर थककर बैठ जाता हूँ पेटी के ऊपर
और इस तरह खड़े-खड़े थकने से पछताता हूँ—
कि तालाब की सूखी गहराई के बीच
मैं भी तालाब का कोई छोटा-सा जीवित विचार दिखूँ
ज़िन्दगी में गीले मन से रिसता हुआ
पीपल की गहरी जड़ों को छूता
खेत के बीच कुएँ के अन्दर
झरने-सा फूटूँ
मेहनत के पसीने से भीग जाऊँ
पलटकर वार करते हुए
बुरे समय के बाढ़ के पानी को
दीवाल-सा रोकता
बाँध का परिचय दूँ
कि मैं क्या हूँ आख़िर
मेरी ताक़त भी क्या है
बाढ़ को रोकने वाली दीवाल
छोटे-से गाँव के तालाब का छोटा-सा विचार है
बिखर गए एक-एक कमज़ोर को
इकट्ठा करता हुआ
ताक़त का परिचय दूँ
कि मैं क्या हूँ
मेरी ताक़त भी क्या है
इकट्ठी ताक़त तो एक-एक कमज़ोर का विचार है।

गूँजी तब गाड़ी की तेज़ सीटी
कानों में हवा साँय गूँजी
अँधेरे अधर में लहर गई एक हरी बत्ती

किसी ख़ूँख़ार जानवर की अकेली आँख अँधेरे में हरी चमकी
चलने को है अब हरहमेश की रेलगाड़ी
हड़बड़ाकर मैं पेटी से उठा
कि हाथ का झोला छिटक दूर जा पड़ा
गिर गया टिफिन का डिब्बा झोले से बाहर
लुढ़कता खुलता हुआ
रोटी और सूखी आलू की सब्ज़ी को बिखराता
ढक्कन अलग दूर हुआ
अचानक तब इकट्ठे भूखे-नंगे लड़कों में
होने लगी उसी की छीना-झपटी
मेरी छाती में धक-धक
मेहनत के आगे भूख का ख़तरा हरहमेश
काँप गए पैर
अरे! रोक दो मत जाने दो
मजबूर विस्थापित मज़दूरों को
कहाँ गया लाल झंडा! लाल बत्ती!! गाड़ी रोकने को
आ क्यों नहीं जाता सामने सूर्योदय लाल सिगनल-सा
खींच दे उनमें से ही कोई ज़ंजीर ख़तरे की
या पहुँचे कोई इंजन तक
कर ले क़ब्ज़ा गाड़ी के आगे बढ़ने पर
पलटा दे दिशा गाड़ी की
कूदें सब खिड़की-दरवाज़े से डिब्बे की
लौटें लेकर फ़ैसले का विचार लश्कर
छोड़ दें पीछे मोह कचरे की गृहस्थी का
टट्टा कमचिल बासी की बटकी हंडी भी
पर भूल न जाएँ ढिबरी कंदिल
ज़रूरत अँधेरे में रास्ता ठीक देखने की।

एक ग़रीब जैसे हर जगह उपलब्ध आकाश पर
गोली का निशान गोल सूरज
रिसता रक्त पूरब कोई सुबह
उसी सुबह एक ज़िन्दा चिड़िया का हल्ला
देखने को टोलापारा उमड़ा
सुनाई देती है सीटी उस चिड़िया की

बुलबुल ही शायद दिखलाई नहीं देती
कहाँ है? कहाँ है?
एक ने कहा–मुझे दिखी
उसे घेरकर तुरन्त जमघट हुआ
चिड़िया बुलबुल दिखाने को
बच्चों को कन्धे पर बैठाए लोग
इस तरह भविष्य तक ऊँचे लोग
सबकी इशारे पर एकटक नज़र
उधर वहाँ
'था एक पेड़' की कहानी का जहाँ ख़ात्मा
नहीं चला होगा लम्बा क़िस्सा
समाप्त बीच में ही हुआ होगा
वहीं सुरक्षित पीपल का एक बीज अंकुर
'एक पेड़ है' कहानी की शुरुआत
उसी पेड़ पर
जिस पेड़ की फुनगी को सारे आकाश का निमन्त्रण

हरा मुलायम
हरा ललछौंह चमकते
नए पत्तों के बीच

बसर, उसी पेड़ पर।

1979

जो मेरे घर कभी नहीं आएँगे

जो मेरे घर कभी नहीं आएँगे
मैं उनसे मिलने
उनके पास चला जाऊँगा
एक उफनती नदी कभी नहीं आएगी मेरे घर
नदी जैसे लोगों से मिलने
नदी किनारे जाऊँगा
कुछ तैरूँगा और डूब जाऊँगा

पहाड़, टीले, चट्टानें, तालाब
असंख्य पेड़ खेत
कभी नहीं आएँगे मेरे घर
खेत-खलिहानों जैसे लोगों से मिलने
गाँव-गाँव, जंगल-गलियाँ जाऊँगा।

जो लगातार काम में लगे हैं
मैं फ़ुरसत से नहीं
उनसे एक ज़रूरी काम की तरह
मिलता रहूँगा—
इसे मैं अकेली आख़िरी इच्छा की तरह
सबसे पहली इच्छा रखना चाहूँगा।

1987

मानुष मैं ही हूँ*

मानुष मैं ही हूँ
इस एकान्त घाटी में
यहाँ मैं मनुष्य की
आदिम अनुभूति में
साँस लेता हूँ।
ढूँढ़कर एक पत्थर उठाकर
एक पत्थरयुग का पत्थर उठाता हूँ
कलकल बहती ठंडी नदी के जल को
चुल्लू से पीकर
पानी का प्राचीन स्वाद पाता हूँ।
मैं नदी के किनारे चलते-चलते
इतिहास को याद कर
भूगोल की एक पगडंडी पाता हूँ।
संध्या की पहली तरैया
केवल मैं देखता हूँ।
चारों तरफ़ प्रकृति और प्रकृति की ध्वनियाँ हैं
यदि मैंने कुछ कहा तो
अपनी भाषा नहीं कहूँगा
मनुष्य ध्वनि कहूँगा?

---

* कवि के अनुसार इन कविताओं का रचनाकाल उन्हें याद नहीं रह गया है। अत: पाठक 'मानुष मैं ही हूँ' से लेकर 'गोली की आवाज़ सुनकर' तक की कविताओं को आठवें दशक के दौरान ही लिखी गई मान सकते हैं। (सं.)

धौलागिरि को देखकर

धौलागिरि को देखकर
मुझे याद आई,
धौलागिरि की तस्वीर
क्योंकि तस्वीर पहले देखी गई थी

पितामह पूर्वजों के भी चित्र हैं घर में
पूर्वजों को मैंने कभी नहीं देखा
मैं पूर्वजों को नहीं पूर्वजों के चित्र याद करता हूँ।

लेकिन धौलागिरि को देखने के बाद
मैं अपने पूर्वजों के चित्र नहीं
पूर्वजों को याद करता हूँ।

मैं अदना आदमी

मैं अदना आदमी
सबसे ऊँचे पहाड़ के बारे में चिन्तित हुआ
इस चिन्ता में मैं बाहर ही बाहर रहा आया
एक दिन इस बाहर को कोई खटखटाता है
जैसे आकाश धरती को खटखटाता है

हवा को खटखटाता है
जंगल के वृक्षों
एक-एक पत्तियों को खटखटाता है
देखें तो आकाश के नीचे
खुले में है
साथ में कोई नहीं है
दूर तक कोई नहीं
पर कोई इस खुले को खटखटाता है।

कौन आना चाहता है?
मैं कहता हूँ
अन्दर आ जाइए
सब खुला है
मैंने देखा मुझे
हिमालय दिख रहा है।

एक अजनबी पक्षी

एक अजनबी पक्षी
एक पक्षी की प्रजाति की तरह दिखा
जो खाड़ी युद्ध के
पहले बम के विस्फोट की आवाज़ से
डरकर यहाँ आ गया हो।

हवा में एक अजनबी गंध थी
साँस लेने के लिए
कुछ क़दम जल्दी-जल्दी चले
फिर साँस ली।
वायु जिसमें साँस ली जा सकती है
वह वायु की प्रजाति है
जिसमें साँस ली जा सकती है

एक मनुष्य मनुष्य की प्रजाति की तरह
साइरन की आवाज़ सुनते ही,
जान बचाने गड्ढे में कूद जाता है।
गड्ढे के किनारे टहलती हुई
एक गर्भवती स्त्री
एक मनुष्य जीव को जन्म देने
सम्हलकर गड्ढे में उतर जाती है।
पर कोई मनुष्य मर जाता है।

इस मनुष्य होने के अकेलेपन में
मनुष्य की प्रजाति की तरह लोग थे।

कोसाफल के तैयार होते ही

कोसाफल के तैयार होते ही
कोसाफल तैयार हो गया की ध्वनि
मंत्र की तरह उच्चारित करते रहते होंगे
अपनी कोसाफल की समाधि में रेशम के कीड़े
और जंगल के सन्नाटे में
अनसुने रेशमी ध्वनि अर्थ का स्पर्श होता है
जंगल के आदिवासियों को
उनकी सम्पूर्ण और अर्धनग्नता में
कि कोसावस्त्रफल तैयार हो गया।
उसी स्पर्श को छूते हुए
आदिवासीजन कोसाफल तोड़ने निकल जाते हैं
और मंत्रोच्चार की बढ़ती तीव्रता के
समीप होते-होते
प्रत्येक कोसाफल तक पहुँच जाते हैं।

जब कोसाफल तोड़ लिया जाता है
तो रेशम के कीड़े
बड़बड़ाना बन्द कर
जीवन का कार्य समाप्त हुआ में सुप्त हो जाते हैं।
कोसाफल लेकर जंगल के घने से
आदिवासी अपनी नग्नता में
शाखाओं, पत्तियों और हवा का
घना स्पर्श पाते हुए
लौटने लगते हैं बाज़ार की तरफ़।
अनेक कालों के बाद

हमारी इस सभ्यता के बाज़ार से
कोसाफल के बदले नमक पा लेने
या आने वाली किसी सभ्यता के बाज़ार से
कोई वस्त्र कपड़ा।

जंगल के दिन-भर के सन्नाटे में

जंगल के दिन-भर के सन्नाटे में
महुवा टपकने की आवाज़ आती है
और शाम को हर टप! के साथ
एक तारा अधिक दिखने लगता है
जैसे आकाश में तारा टपका है
फिर आकाश भर जाता है
जैसे जंगल भर जाता है

आदिवासी लड़की, लड़के, स्त्री जन
अपनी टोकनी लेकर महुवा बीनने
दिन निकलते ही उजाले के साथ-साथ
जंगल में फैल जाते हैं।

एक आदिवासी लड़की
महुवा बीनते-बीनते
एक बाघ देखती है
जैसे जंगल में
एक बाघ दिखता है।
आदिवासी लड़की को बाघ
उसी तरह देखता है
जैसे जंगल में एक आदिवासी लड़की दिख जाती है
जंगल के पक्षी दिख जाते हैं
तितली दिख जाती है।—
और बाघ पहले की तरह

सूखी पत्तियों पर
जँभाई लेकर पसर जाता है।

एक अकेली आदिवासी लड़की को
घने जंगल जाते हुए डर नहीं लगता
बाघ शेर से डर नहीं लगता
पर महुवा लेकर गीदम के बाज़ार जाने से
डर लगता है।

बाज़ार का दिन है
महुवा की टोकनी सिर पर बोहे
या काँवर पर
इधर-उधर जंगल से
पहाड़ी के ऊपर से उतर कर
सीधे-सादे वनवासी लोग
पेड़ के नीचे इकट्ठे होते हैं
और इकट्ठे बाज़ार जाते हैं।

दूर से अपना घर देखना चाहिए

दूर से अपना घर देखना चाहिए
मजबूरी में न लौट सकने वाली दूरी से अपना घर
कभी लौट सकेंगे की पूरी आशा में
सात समुंदर पार चले जाना चाहिए।
जाते-जाते पलटकर देखना चाहिए।
दूसरे देश से अपना देश
अंतरिक्ष से अपनी पृथ्वी
तब घर में बच्चे क्या करते होंगे की याद
पृथ्वी में बच्चे क्या करते होंगे की होगी
घर में अन्न जल होगा कि नहीं की चिन्ता
पृथ्वी में अन्न जल की चिन्ता होगी
पृथ्वी में कोई भूखा
घर में भूखा जैसा होगा
और पृथ्वी की तरफ़ लौटना
घर की तरफ़ लौटने जैसा।
घर का हिसाब-किताब इतना गड़बड़ है
कि थोड़ी देर पैदल जाकर घर की तरफ़ लौटता हूँ
जैसे पृथ्वी की तरफ़।

मंगल ग्रह इस समय पृथ्वी के बहुत पास आ गया है

मंगल ग्रह इस समय पृथ्वी के बहुत पास आ गया है
वहाँ किसी जीव के न होने का सन्नाटा
अब पृथ्वी के बहुत समीप है
कि पृथ्वी के पड़ोस में कोई नहीं
समय पड़ने पर पृथ्वी का कौन साथ देगा
पृथ्वी के सुख-दुःख
उसके नष्ट होने
और समृद्ध होने का कौन साक्षी होगा।

सुनो मेरे पड़ोसी
सबके अड़ोसी-पड़ोसी
और पड़ोस के बच्चे
जो एक दूसरे की छतों में
कूदकर आते-जाते हैं,
मंगल ग्रह इस समय पृथ्वी के बहुत समीप है—
पृथ्वी के बच्चो कूदो
तुम्हारा मंगल हो
वायु, जल, नभ
धरती, समुद्र, तुम्हारा मंगल हो
दूब, पर्वत, वन
तुम्हारा मंगल हो
मंगलू! तुम्हारा मंगल हो
पृथ्वी से दूर अमंगल, मंगल हो।

सूखा कुआँ तो मृत है

सूखा कुआँ तो मृत है
बहुत मरा हुआ
कि आत्महत्या करता है

अपनी टूटती मुँडेर से
अपनी गहराई भरता हुआ
कुएँ के खोदने से निकले हुए
पत्थरों से
जो मुँडेर बनी थी।

कुएँ के तल की कुँआसी इच्छा
उसकी अंदरूनी गहरी
बारूद से तड़कने की
परन्तु अपने ही निकले हुए पत्थरों और मिट्टी से
भरता हुआ कुआँ
कुआँ न होने की तरफ़ लौट रहा है,
अब यह पलायन था कुएँ का
गाँव पहले उजाड़ हो चुका था।

घर संसार में घुसते ही

घर संसार में घुसते ही
पहिचान बतानी होती है
उसकी आहट सुन
पत्नी-बच्चे पूछेंगे 'कौन?'
'मैं हूँ' वह कहता है
तब दरवाज़ा खुलता है।

घर उसका शिविर
जहाँ घायल होकर वह लौटता है।

रबर की चप्पल को
छेदकर कोई जूते का खीला उसका तलुआ छेद गया है।
पैर से पट्टी बाँध सुस्ताकर कुछ खाकर
दूसरे दिन अपने घर का पूरा दरवाज़ा खोलकर
वह बाहर निकला

अखिल संसार में उसकी आहट हुई
दबे पाँव नहीं
खाँसा और कराहा
'कौन है?' यह किसी ने नहीं पूछा
सड़क के कुत्ते ने पहिचानकर पूँछ हिलाई
किराने वाला उसे देखकर मुस्कुराया
मुस्कुराया तो वह भी।
एक पान ठेले के सामने
कुछ ज़्यादा देर खड़े होकर

उधार पान माँगा
और पान खाते हुए
कुछ देर खड़े होकर
फिर कुछ ज़्यादा देर खड़े होकर
परास्त हो गया।

यह चेतावनी है

यह चेतावनी है
कि एक छोटा बच्चा है।
यह चेतावनी है
कि चार फूल खिले हैं।
यह चेतावनी है
कि ख़ुशी है
और घड़े में भरा हुआ पानी
पीने के लायक है,
हवा में साँस ली जा सकती है।
यह चेतावनी है
कि दुनिया है
बची दुनिया में
मैं बचा हुआ
यह चेतावनी है
मैं बचा हूँ।
किसी होने वाले युद्ध से
जीवित बच निकलकर
मैं अपनी
अहमियत से मरना चाहता हूँ
कि मरने के
आख़िरी क्षणों तक
अनंतकाल जीने की कामना करूँ
कि चार फूल हैं
और दुनिया है।

प्रेम की जगह अनिश्चित है

प्रेम की जगह अनिश्चित है
यहाँ कोई नहीं होगा की जगह भी कोई है।

आड़ भी ओट में होता है
कि अब कोई नहीं देखेगा
पर सबके हिस्से का एकान्त
और सबके हिस्से की ओट निश्चित है।

वहाँ बहुत दोपहर में भी
थोड़ा-सा अँधेरा है
जैसे बदली छाई हो
बल्कि रात हो रही है
और रात हो गई हो।

बहुत अँधेरे के ज़्यादा अँधेरे में
प्रेम के सुख में
पलक मूँद लेने का अंधकार है।

अपने हिस्से की आड़ में
अचानक स्पर्श करते
उपस्थित हुए
और स्पर्श करते, हुए बिदा।

प्रत्येक आवाज़ खटका है

प्रत्येक आवाज़ खटका है
बच्चे का माँ! कहकर पुकारना
ख़त्म होती हरियाली में
बीज से अंकुर का निकलना
ख़ाली मुट्ठी में बन्द हवा का छूटकर
ज़मीन पर गिरना खटका है।
पानी पीना और रोटी चबाना भी।

बचाओ! बचाओ!! चिल्ला सकने वाले लोग
बचाओ भी नहीं चिल्लाते
कोई बचा है
यह पूछनेवाला भी नहीं बचेगा।
लगता है दुनिया को नष्ट करने का धमाका
अभी शायद हो
हो सकता है ज़िन्दगी को नष्ट करने के धमाके के पहले
ज़िन्दगी का बड़ा धमाका हो।

जाते-जाते ही मिलेंगे लोग उधर के

जाते-जाते ही मिलेंगे लोग उधर के
जाते-जाते जाया जा सकेगा उस पार
जाकर ही वहाँ पहुँचा जा सकेगा
जो बहुत दूर सम्भव है
पहुँचकर सम्भव होगा
जाते-जाते छूटता रहेगा पीछे
जाते-जाते बचा रहेगा आगे
जाते-जाते कुछ भी नहीं बचेगा जब
तब सब कुछ पीछे बचा रहेगा
और कुछ भी नहीं में
सब कुछ होना बचा रहेगा।

सबसे ग़रीब आदमी की

सबसे ग़रीब आदमी की
सबसे कठिन बीमारी के लिए
सबसे बड़ा विशेषज्ञ डाक्टर आए
जिसकी सबसे ज़्यादा फ़ीस हो

सबसे बड़ा विशेषज्ञ डाक्टर
उस ग़रीब की झोंपड़ी में आकर
झाड़ू लगा दे
जिससे कुछ गंदगी दूर हो।
सामने की बदबूदार नाली को
साफ़ कर दे
जिससे बदबू कुछ कम हो।

उस ग़रीब बीमार के घड़े में
शुद्ध जल दूर म्युनिसिपल की
नल से भर कर लाए।
बीमार के चीथड़ों को
पास के हरे गंदे पानी के डबरे
से न धोए
कहीं और धोए।
बीमार को सरकारी अस्पताल
जाने की सलाह न दे।
कृतज्ञ होकर

सबसे बड़ा डाक्टर सबसे ग़रीब आदमी का इलाज करे
और फ़ीस माँगने से डरे।

सबसे ग़रीब बीमार आदमी के लिए
सबसे सस्ता डाक्टर भी
बहुत महँगा है।

ऐसे छोटे बच्चे से लेकर

ऐसे छोटे बच्चे से लेकर
जिनके हाथ साँकल तक नहीं पहुँचते
घर का कोई भी दौड़ता है
दरवाज़ा खोलने
जिसे सुनाई देती है
दरवाज़ा खटखटाने की आवाज़।

थोड़ी देर होती दिखाई देती है
तो चारपाई पर लेटे-लेटे
घर के बूढ़े-बूढ़ी
चिन्तित हो सबको आवाज़ देते हैं
कि दरवाज़ा खोलने कोई क्यों नहीं जाता?
पर ऐसा होता है
कि दरवाज़ा खुलते ही
स्टेनगन लिये हत्यारे घुस आते हैं
और एक-एक को मारकर चले जाते हैं।

ऐसा बहुत होने लगता है
फिर भी दरवाज़े के खटखटाने पर
कोई भी दौड़ पड़ता है
और दरवाज़ा खटखटाए जाने पर
दरवाज़े बार-बार खोल दिए जाते हैं।

जो रिक्शे में लदे-फँदे

जो रिक्शे में लदे-फँदे
बस अड्डे की तरफ़ से आते दिखे थे
मेरे पड़ोस में आए
तब मैं सोच रहा था
किसके घर जाएँगे
और वे मेरे पड़ोस में आए
मुझे अच्छा लगा।

और अच्छा लगता मैं उन्हें स्टेशन पर देखता
वे मेरे घर आ जाते, कोई ऐसे सम्बन्धी की तरह
जिन्हें मैंने कभी नहीं देखा था
उत्तरप्रदेश के एक गाँव में रह रही
उस बड़ी बहिन की तरह
जिससे सम्बन्ध टूट गए
जब मैं पैदा भी नहीं हुआ था
मुझसे भी बड़े उनके बेटे हैं।

यह नगर ऐसा है
कि यहाँ मेरा घर
और पड़ोसी बसते हैं
यहाँ जो आता है
या तो मेरे घर आता है
या मेरे पड़ोस में
यहाँ घूमने लायक़ दो ही जगहें हैं
बस स्टैंड या गाड़ी का स्टेशन।

बहुत कुछ कर सकते हैं ज़िन्दगी में का काम बहुत था

बहुत कुछ कर सकते हैं ज़िन्दगी में का काम बहुत था
कुछ भी नहीं कर सके की फ़ुरसत पाकर
मैं कमज़ोर और उदास हुआ।
ऐसी फ़ुरसत के अकेलेपन में
दुःख हुआ बहुत
पत्नी ने कातर होकर
पकड़ा मेरा हाथ
जैसे में अकेला छूट रहा हूँ
उसे अकेला छोड़।
बच्चे मुझसे आकर लिपटे
अपनी पूरी ताक़त से
मैंने अपनी ताक़त से उनको लिपटाया
और ज़ोर से
पत्नी बच्चों ने मुझे नहीं अकेला छोड़ा
फिर भी सड़क पर गुज़रते जाते
मैं
हर किसी आदमी से अकेला छूट रहा हूँ
सबसे छूट रहा हूँ
एक चिड़िया भी
सामने से
उड़कर जाती है
अकेला छूट जाता हूँ।
चूँकि मैं आत्महत्या नहीं कर रहा हूँ
मैं
दुनिया को नहीं छोड़ रहा हूँ।

यह सड़क

यह सड़क
जा रही है कहूँगा—
मैंने देखा
सड़क पर एक मज़दूर जा रहा था।

आदमी तो फिर भी अलाल है
पिछड़ गया है
उसे लेने—
यह सड़क लौट रही है कहूँगा
जो उस मज़दूर के द्वारा
पीछे छूटी हुई थी।
उस मज़दूर तक पहुँचने के लिए
मुझे दौड़ने की पड़ी थी।

चलने के लिए

चलने के लिए
जब खड़े हुए
तो जूतों की जगह
पैरों में
सड़कें पहिन लीं
एक नहीं दो नहीं बदल-बदलकर
हज़ारों सड़कें
तंग ऊबड़-खाबड़
बहुत चौड़ी सड़कें।
ख़ूब चलेंगे
कि ज़िन्दगी के नज़दीक आने को
बहुत मन होता है
वाक़ई! ज़िन्दगी से होती हुई
कोई सड़क ज़रूर जाती होगी—
मैं कोई ऐसा जूता बनवाना चाहता हूँ
जो मेरे पैरों में ठीकठाक आए।

मुझे बचाना है

मुझे बचाना है
एक-एक कर
अपनी प्यारी दुनिया को
बुरे लोगों की नज़र है
इसे ख़त्म कर देने को।

सबसे पहले
घर के सामने के
नीम की शाखा तोड़
मैंने मारा नीम को
भाग यहाँ से पेड़
दूर भाग जा।
घर को पीटा
दीवालों दरवाज़ों को
उसी नीम की शाखा से
भाग! भाग! यहाँ से घर।

कोई मुझे करे बेदख़ल
मेरे घर मेरी दुनिया से
फिर अपने को बचाने
जाने कितना समय लगे
भाग यहाँ से घर।
भाग! भाग! मेरी दुनिया सबकी दुनिया
बहुत दूर किसी और जगह
बची रह जाकर।

मैं यहीं रहूँगा
लड़ता भिड़ता
मैं जानता हूँ
कोई दूसरा लोक नहीं
नहीं परलोक
मरकर या
बचकर मैं अपनी ही दुनिया में जाऊँगा
जो करती होगी इंतज़ार मेरे बचने का।

समुद्र की लहर किनारे रेत में

समुद्र की लहर किनारे रेत में
पानी की परत होते तक आई
और लौट गई।
फिर फैला दी गई पानी की गीली चदरिया किनारे
और गीली की गीली खींच ली गई बार-बार
जो क्रम है,
रायपुर के पास सेलुद गाँव की बच्ची
स्लेट पट्टी के ग़लत लिखे को पानी से मिटाकर
पट्टी को हवा में झुलाते हुए गाती है
—समुद्र का पानी समुद्र में जाए
मोर पट्टी सुखा जाए।
फिर सही लिखे को पानी से मिटाकर
पट्टी को हवा में झुलाते हुए गाती है—
समुद्र का पानी समुद्र में जाए
मोर पट्टी सुखा जाए।
अंत:करण तक पानी से भरे समुद्र से
स्लेट पट्टी तक पानी आता है
और लौट जाता है
यह ज्वार-भाटा है।

सबकी तरफ़ से वह बोलेगा

सबकी तरफ़ से वह बोलेगा
वही तो!
कुछ बात नहीं की जिसने मुझसे
चाय पीते हम दोनों सड़क पर खड़े रहे चुपचाप!
वही!!
उसे देखकर मुहल्ले के
सारे ग़रीब, औरत, बच्चे
हुए इकट्ठे एक-एक कर
सबने अपनी बात कही
वह सुनता रहा
उसी तरह चुपचाप
एक बूढ़ा तो अपने दुःख से
फफक पड़ा
उसके आँसू पोंछ
वह आगे बढ़ा साथ सबके
लेकर गहरी साँस
पर लगा, शरीर की कमज़ोरी उसकी
अभी तक गई नहीं
पिछले दिनों बहुत बीमार रहा वह
पर आँखों की चमक वही
कोई फ़र्क़ नहीं
वही!!
जो हमेशा इस तरह होता है चुपचाप

कि अब ज़ोर से बोलेगा अचानक किसी वक़्त
पहले भी यही बात थी
अभी भी यही बात है
जबकि पिछले दिनों
कुछ गुंडों ने उसकी ज़बान काट दी।

चित्रकार को मेरी कविता पसन्द नहीं

चित्रकार को मेरी कविता पसन्द नहीं,
दिन में दिन के उजाले का रंग
रात में रात के उजाले का
अँधेरा तो दिन रात का है।
संगीतकार को भी मेरी कविता पसन्द नहीं
रात के सभी तारों से
एक-एक तार खींचकर
गोल पृथ्वी में कसा हुआ तंबूरा
या अपनी सबकी पसन्द के
अकेले ध्रुवतारे से खींचकर एकतारा
घूमें लेकर गली-गली
गली-गली का नारा।
चित्रकार का चित्र
संगीत संगीतकार का मुझे पसन्द है।

दुनिया जगत

दुनिया जगत
जगत कुएँ का।
जिस पर जाने कैसे
चढ़ा एक नन्हा बच्चा।
आवाज़ नहीं दी मैंने उसको
चौंककर कुएँ के अन्दर गिर जाता तो!!

चुपचाप धीरे-धीरे चला
सँभलकर उठाया मैंने गोद में उसको।
बस इतना मैं चुप रहा
इतना धीरे चला
बहुत चुप बहुत धीरे चला।

लोगों तक पहुँचने की कोशिश में

लोगों तक पहुँचने की कोशिश में
दो-चार लोगों ने
सबसे मुझे अलग किया।
मुझको सुनसान किया।
बड़ा नुक़सान किया।
लोगों की बात करने की कोशिश में
एकदम चुपचाप किया
एक क़दम सोचकर रखता तो
धक्के खाकर गिरता पीछे चार क़दम
अपने सुनसान में हरदम।
मेरा सुनसान
मुझसे कब तक कितना भरा रहे।
सोच-सोच कुछ बड़ा रहे
हँसी-ख़ुशी से भरती जाती—
दुनिया के लिए
मेरी ख़ाली जगह बची रहे।

कहीं अच्छी हवा सुरक्षित थी

कहीं अच्छी हवा सुरक्षित थी।
जो साइकिल से भाग रहा था
वह भी पड़ा है
पड़ी हुई साइकिल के पास
भागने में उसे देर हुई।
उस वक़्त भी साइकिल के चकों में भरी
शुद्ध हवा तो थी।

शुद्ध हवा मोटरकार के चकों में भरी थी
कि कुछ देर से भागे
दरवाज़े के शीशे चढ़ाकर
पर बच गए आख़िर।

दम घुट गया उस नन्ही बच्ची का
पेड़ के नीचे जो मरी पड़ी है
उसके हाथ में जो बड़ा-सा फुग्गा है
यद्यपि अभी कुछ पिचक गया है
फिर भी फुग्गे में शुद्ध हवा तो थी।
बस उतनी हवा और होती उसके फेफड़े में तो
चार क़दम आगे जाकर वह मरती।

पिता ने फुलाया था उसका फुग्गा—
मृत पिता की साँस

अभी तक फुग्गे में सुरक्षित है
मृत बच्ची के पास!!!
अपनी बच्ची को एक फूला फुग्गा देकर
मैं कुछ बुरा सोचता हूँ।

घर वालों के साथ

घर वालों के साथ
तस्वीरें हैं मुस्कुराते हुए
दोस्तों के साथ होगी फ़ोटो
यह भी हो
कि पहले मित्र रहा होऊँ
जब तस्वीर खिंची थी।

पिता के साथ मेरी फ़ोटो खिंची नहीं
बहुत पहले मर गए
और यह काम
बहुत महँगा रहा शुरू से।

अजनबी बाहर वालों के साथ
नहीं मेरी तस्वीर
कि अलग-अलग
सबके साथ हँसते हुए
या कई हँसते हुए लोगों के बीच
अकेला मैं मुस्कुराते हुए

लोगों के नष्ट
और बिछड़ने के उलटफेर में भी
जगहें वहीं हैं!
पर दुनिया में, छुपी हुई
निश्चिन्त सुखी जगह
वहीं पर बची हो प्राय:

निश्चिन्त जगहें कितनी
लोग कितने निश्चिन्त
परन्तु ज़माने से, मुस्कुराते हुए
फ़ोटो खिंचवाने का रिवाज
अच्छा है।
इस रिवाज को तोड़ने का मन नहीं हुआ है।

1985

एक ग़ुलाम देश का सूरज

एक ग़ुलाम देश का सूरज
ग़ुलाम ही है
ग़ुलाम चन्द्रमा, चाँदनी
सुख दु:ख भी ग़ुलाम
हवा, हरियाली, उड़ता पक्षी
औरत और नवजात बच्चा भी
ग़ुलाम।
नेल्सन मंडेला!!
इस दुनिया का अकेला सूर्य
अभी भी स्वतंत्र नहीं है
जो तुम्हारा सूरज है
वही हमारा भी।

कुछ नए लोगों से

कुछ नए लोगों से
मेल-जोल हो जाएगा
कुछ नई जगह
देख लेने का होगा मौक़ा
और एक अपरिचित जगह जाकर
बस जाने की होगी इच्छा
बहुत से परिचित सुख
और थोड़े से दुःख अपरिचित
का सामान लेकर
पत्नी बच्चों के साथ
इस अते पते
और बेठिकानों से भरे संसार में
कहीं एक पता
बनने के पहले तक रहकर
रहते रहने का मन
इस समय
पृथ्वी में निवास करना है।

अभी अपनी पचास की उम्र में

अभी अपनी पचास की उम्र में
मुझे यह मालूम हो कि मैं साठ का हूँ
तो मुझे ख़ुशी होगी
कि मैं पचास के बाद
इक्यावन में मर सकता था
और साठ का हो गया।
पूरे दस वर्ष का जीना
पता नहीं चला
सब मुफ़्त हो गया।
कोई आफ़त नहीं आई
एक नए पैसे का क़र्ज़ा नहीं हुआ
जैसे दस वर्ष नौकरी नहीं की
और काम-काज चलता रहा।
वे कोई दूसरे वर्ष थे
जो कठिन बीते
और बीत गए
ये दस वर्ष उपराहा
और जुड़ गए।
पर कहीं ऐसा तो नहीं
कि मैं पचास का हुआ
और साठ का दिखने लगा।

उसने चलना सीख लिया था

उसने चलना सीख लिया था
शाम को घूमकर
कुछ दूर पैदल
घर लौटते समय
थककर उसने कहा
'घर नहीं आता'
जिद में ज़मीन पर वह बैठ गया
माना तभी,
जब गोद में उसे लिया गया।
गोद में लेकर चलने का
अभ्यास नहीं था
चाल थकी सरीखी
उतरकर
वह पैदल चलता
तभी ठीक था।

घर दिखने लगा
तो उसका उत्साह बहुत था
गोदी से उतरा अपने आप
वह खड़ा हो गया
जैसे उसे भी घर ने
दूर से पहिचान लिया हो
घर अब उसके पास ख़ुद आएगा
रुके हुए इंतज़ार किया हो।

‘घर नहीं आता’
कहकर वह दौड़ा
घर की तरफ़ हाथ फैलाए
छोटे-छोटे पैर
उसने दौड़ना सीख लिया था।

पंजाब के किसी भी गाँव में

पंजाब के किसी भी गाँव में
कोई न कोई आता रहता है
हत्यारे पहले कभी नहीं आए थे
वे भी आ गए
अन्ततः नहीं आएँगे।
मित्र आते रहते हैं
फिर भी मित्र आ सकते हैं
सखा बंधु आते रहते हैं
और आएँगे।

यहाँ सड़क है
बस रुकती है
रेलगाड़ी का छोटा स्टेशन भी
यहाँ भीड़भाड़ और आमदरफ़्त
सखा बंधु से है।

एक सुन्दर लड़की को देखना

एक सुन्दर लड़की को देखना
सौन्दर्य को सुन्दर देखना है

वह अकेली सुन्दर लड़की
जब वह आई जब वह गई
बहुतों ने उसे देखा

वह चली जाएगी
शायद चली गई
सचमुच चली गई

जिन लोगों ने उसे देखा
उन लोगों ने उसे देख लिया।

पानी गिर रहा है

पानी गिर रहा है,
बरसात की जगह—
जहाँ मैं रह रहा हूँ
बरसात का मेरा घर
बरसात की मेरी सड़क
बार-बार भीगते हुए
बरसात का मूल निवासी
अरी! बरसात की गीली चिड़िया
पंख फड़फड़ा
शाखा पर भीगते बैठी रह
अभी आकाश बरसात का है
पानी के बन्द होते ही
बरसात से सब कुछ होगा निर्वासित
मैं भी!
अपने मूल निवास का यही तिलिस्म है!

ज़िन्दगी में दर्द बेहद

ज़िन्दगी में दर्द बेहद
सिर में पीड़ा
दु:ख-दर्द दुनिया का भरा अहसास भारी
नज़र उठाकर जो ताकता आकाश
गोया दु:ख रहा आकाश
बहुत होती है पीड़ा
बुरा हुआ
कि मर गया वह
ख़तम हो गया।
जगह-जगह भूरे बादलों के ढेर—
चिता की लकड़ियों का ढेर
सूर्य अग्नि है जब
जल उठेगा सब
मृत्यु का यदि कोई है आकार
तो आसमान जितना ही विशाल
यह ज़िन्दगी बहुत छोटी
फिर मौत का क्यों इतना बड़ा विस्तार
लगने लगा है रात का डर इस तरह
कि आसमान के कपाल सा चन्द्रमा
किसी की ठोकर से लुढ़का
ठंडी चिता से निकल आया बाहर
अपनी पृथ्वी भी
कपाल-सी लुढ़कती दिखती होगी।
किसी महाविनाश के बाद
अंतरिक्ष की ज़मीन से

बस थोड़ी सी बड़ी दिखती होगी वह
मेरी खोपड़ी से—
इस सिरदर्द के साथ
अपनी खोपड़ी का हेलमेट
किसी तरह पृथ्वी को
पहिनाना चाहता हूँ।

डूब रहा हूँ इस आकाश को देखकर

डूब रहा हूँ इस आकाश को देखकर।
बचाओ! कहकर मैंने हाथ ऊपर किया
हाथ अतल आकाश के नीचे ही रहा
मैं डूब गया
यह कैसी ऊँचाई है।

एक बहुत गहराई
खाई में
पंख पसारकर
उड़ेगा कोई,
कोई पक्षी
उड़ते-उड़ते उतरकर
किसी पर्वत शिखर की तरफ़ से नीचे
यह कैसी ऊँचाई है।
मैं गिर पड़ूँगा तल में
अतल में यह कैसा धरातल है।
बैठे-बैठे फिर खड़े होकर आकाश को देखना
उठकर, ऊपर किनारे आ जाना है।

एक टीले पर चढ़कर

एक टीले पर चढ़कर
दुःख से थोड़ा उबर गया
मेरे अलावा यह सुख
किसी को पता नहीं क्या?
सब कुछ दुःख में डूबा तब
यह टीला
निर्जन
टापू-सा मुझे मिला
रात में चन्द्रमा कुछ बड़ा दिखा यहाँ से
तारे दिखे बहुत।

आकाश सभी के इकट्ठे सुख से,
जो किसी को कभी मिला नहीं किसी से
भारी होकर रोज़
नीचे आता है क्या!
—हम लोगों के पास!!

पर सबके दुःख से भारी होकर यह ज़मीन
और नीचे
ज़्यादा गहरी
रोज़-रोज़, हो जाती है क्या!

पर मेरे टीले पर चढ़ने का
जो सुख मुझे मिला
आकाश उसी से इतना हल्का हुआ

कि पृथ्वी से कुछ दूर
और ऊपर हुआ
चन्द्रमा कहीं दिखा नहीं
तारे दिखे बहुत कम
मैं फूट-फूटकर रोते हुए
टीले से नीचे उतर गया।

बग़ीचे में केवल एक ही पेड़ बचा है

बग़ीचे में केवल एक ही पेड़ बचा है
या पेड़ में पूरा बग़ीचा पुता है।
पेड़ जैसे सरकारी घोषणा है बग़ीचे के लिए।
जबकि पेड़ पर चढ़ना मना है।
सम्मान के लिए अपने पैरों पर चढ़कर
साढ़े पाँच फ़ुट की ऊँचाई तक।
मर गए! ज़िन्दगी की इतनी ही ऊँचाई तक।
सिर झुकाकर कुछ इंच और कम हो गए।

नदी इस किनारे केवल

नदी इस किनारे केवल
या केवल उस किनारे
या मँझधार ही पूरी वह
प्यार में नदी समझ में नहीं आती
नदी में भींगने से
लगता है
बरसात में भींगा
बिना छाता लिये
जब कभी टहलने निकला
बाढ़ में डूबी उल्टी नाव की
छत के नीचे
हमारा घर बसा है।

मज़दूरो, उस तरफ़ चलो

मज़दूरो, उस तरफ़ चलो
चलते रहो निहत्थे
रोक देने के लिए जिस तरफ़
हथियारबन्द पुलिस खड़ी है रस्ते पर
बढ़ो बढ़ते रहो उसी तरफ़ निहत्थे ऐसे
कि हाथ में वह फूल की टहनी भी न हो
जिसमें खिला फूल एक
दो अधखिली कली हो।

निहत्थे बढ़ो ऐसे
कि जेब में वह चिट्ठी भी न हो घर की
जिसमें माँगा कुछ नहीं गया तुमसे
और पूछा नहीं गया सोच-समझकर
कि पगार मिला या नहीं अभी तलक
और इतरे सारे दुःख तकलीफ़ों की
एक भी बात नहीं लिखी।

बढ़ो ख़ाली हाथ निहत्थे एकदम
कि एक ख़ाली झोला भी न हो तुम्हारे हाथों में
उलट दो बाहर ख़ाली जेबें
बीड़ी-माचिस से भी कर दो ख़ाली
यदि जेब में हो पचास-पचहत्तर पैसे
तो उस दुकानदार को दे डालो
जिसकी उधारी कब से तुम पर
जाने कितने रुपयों की

बल्कि उतारकर फेंक दो अपनी क़मीज़
उसके गल्ले पर
यदि क़मीज़ कुछ ठीकठाक हो
या फटी हुई तब भी
और बढ़ो उघारी छाती लेकर एक साथ सब
ऐसे ही निहत्थे ख़ाली पेट उसी तरफ़
जिस तरफ़ हथियारबन्द पुलिस खड़ी है रस्ते पर
तुम पर तब भी गोली चलेगी।

1981

दुनिया इतनी अँधेरी

दुनिया इतनी अँधेरी
कि एकदम अँधेरा
मरने की नींद सोने लायक
पर रात को बत्ती बुझाकर
सोने की आदत का मैं क्या करूँ?
घर की खिड़की के पल्लों को बन्द कर सकूँगा
बाहर पूर्णिमा के चाँद पर बादल डालने की चिन्ता।

बत्ती बुझाकर सोने की, बिगाड़ ली ऐसी आदत
न सोने की
कि कृष्ण पक्ष भी सो नहीं सकूँगा
जबकि जानता हूँ एक तारा भी
चमक रहा होगा बाहर।
बरसाती काली रात के घुप्प अँधेरे में
यदि तेज़ हवा के कारण
नहीं जलेगी कोई ढिबरी
तो एवज़ में
अचानक ज़ोर की बिजली चमकती।
सोचता हूँ यह दुनिया कुछ कम अँधेरी होती—
कमरे की बत्ती की आदत पड़ जाने के लिए
मैं सो जाता भूल से बत्ती जलती रहती
पर बिगड़ी कुछ ऐसी आदत
कि मौत भी नहीं आएगी शायद।—
रात-दिन जागकर मेरी ज़िन्दगी दुगनी।

1984

गोली की आवाज़ सुनकर

गोली की आवाज़ सुनकर
पेड़ की सारी चिड़ियाँ उड़ गईं
पर मरने वाला एक आदमी है
चिड़ियाँ बेकार डरीं।

इतने अनिश्चय की स्थिति में
कि कब कौन आदमी अचानक मारा जाएगा
लोगों के लिए
जीवन भरपूर और निश्चित हो गया है—

जैसे स्कूल के समय
स्कूल जाने वाले बच्चे अधिक दिखते हैं
बस में पूरे परिवार के साथ सफ़र अब भी होता है
भीड़ और धक्कामुक्की उतनी ही है
गरमी अधिक पड़ने से
अब अधिक लोग रात में घर के बाहर सोते हैं।
देर रात को दोस्तों के घर से लौटने वाले लोग
कहीं ज़्यादा हैं
और बहुत याराना है।

ऐसे में यह सब कि कौन मारा जाएगा
मौत के लिए लापरवाही हो
पर जीवन की सबसे अधिक परवाह ऐसी ही हो
शायद पंजाब में इस साल की फ़सल अच्छी हो।

हताशा से एक व्यक्ति बैठ गया था*

हताशा से एक व्यक्ति बैठ गया था
व्यक्ति को मैं नहीं जानता था
हताशा को जानता था
इसलिए मैं उस व्यक्ति के पास गया
मैंने हाथ बढ़ाया
मेरा हाथ पकड़कर वह खड़ा हुआ
मुझे वह नहीं जानता था
मेरे हाथ बढ़ाने को जानता था
हम दोनों साथ चले
दोनों एक दूसरे को नहीं जानते थे
साथ चलने को जानते थे।

* 'हताशा से एक व्यक्ति बैठ गया था' शीर्षक कविता से 'पुराना ज़ंग लगा ताला कहीं दिखता है' तक की कविताएँ नौवें दशक के आरंभ से सन् 2000 के बीच लिखी गई हैं। (सं.)

एक विशाल चट्टान के ऊपर

एक विशाल चट्टान के ऊपर
एक चट्टान इस तरह रखी हुई है
कि अभी-अभी गिरने को है
यह अभी-अभी गिरने को है पुरातन है
अभी-अभी गिरने को है जैसे शाश्वत है
अभी-अभी गिरने को है एक भविष्य है
पर जो अभी-अभी गिरने को है
कब से कभी नहीं गिर रहा है
और इसके नीचे से एक रास्ता जा रहा है
यह कितना नवीन है
कि इस अभी-अभी गिरने को है चट्टान की छाया में
अभी एक चरवाहा आकर खड़ा हो गया है।

अपने हिस्से में लोग आकाश देखते हैं

अपने हिस्से में लोग आकाश देखते हैं
और पूरा आकाश देख लेते हैं
सबके हिस्से का आकाश
पूरा आकाश है।
अपने हिस्से का चन्द्रमा देखते हैं
और पूरा चन्द्रमा देख लेते हैं
सबके हिस्से की जैसी-तैसी साँस सब पाते हैं
वह जो घर के बग़ीचे में बैठा हुआ
अख़बार पढ़ रहा है
और वह भी जो बदबू और गंदगी के घेरे में ज़िन्दा है।
सबके हिस्से की हवा वही हवा नहीं है।
अपने हिस्से की भूख के साथ
सब नहीं पाते अपने हिस्से का पूरा भात
बाज़ार में जो दिख रही है
तंदूर में बनती हुई रोटी
सबके हिस्से की बनती हुई रोटी नहीं है।
जो सबकी घड़ी में बज रहा है
वह सबके हिस्से का समय नहीं है।
इस समय।

यद्यपि नहीं होना था

यद्यपि नहीं होना था
शुरू में तो यद्यपि नहीं होना था
यद्यपि चावल ख़रीदने निकला की जगह
बिना यद्यपि के चावल ख़रीदने निकला होना था
जबकि वह शहर
वैसे बहुत शहर नहीं
जबकि कुछ लोग
रस्ते में मिलते हैं
जो एक दूसरे को जानते हैं
जबकि ज़्यादा जान-पहचान होने के बाद भी
मैं अनाज उसी भाव से ख़रीदूँगा
जिस भाव से कोई
जैसे वह ख़रीदता है
जिसे मैं नहीं जानता
या वह जिसे कोई जानता है।
पच्चीस-तीस वर्षों से
उसी दुकानदार से सामान ख़रीद रहा हूँ
और पच्चीस-तीस वर्ष रहकर
इस बहुत शहर नहीं में
चावल और नमक ख़रीदते हुए
दुकानदार के सामने
निरुपाय
पच्चीस-तीस वर्षों का
आदिवासी हुआ हूँ।
यद्यपि।
यद्यपि।

ईश्वर अब अधिक है

ईश्वर अब अधिक है
सर्वत्र अधिक है
निराकार साकार अधिक
हरेक आदमी के पास बहुत अधिक है
बहुत बँटने के बाद
बचा हुआ बहुत है।
अलग-अलग लोगों के पास
अलग-अलग अधिक बाक़ी है।
इस अधिकता में
मैं अपने ख़ाली झोले को
और ख़ाली करने के लिए
भय से झटकारता हूँ
जैसे कुछ निराकार झर जाता है

कितना बहुत है

कितना बहुत है
परन्तु अतिरिक्त एक भी नहीं
एक पेड़ में कितनी सारी पत्तियाँ
अतिरिक्त एक पत्ती नहीं
एक कोयल नहीं अतिरिक्त
एक नक्षत्र अनगिनत होने के बाद
अतिरिक्त नहीं है
गंगा अकेली एक होने के बाद—
न उसका एक कलश गंगाजल,
बाढ़ से भरी एक ब्रह्मपुत्र,
न उसका एक अंजुलि जल
और इतना सारा एक आकाश
न उसकी एक छोटी अन्तहीन झलक।
कितनी कमी है
तुम ही नहीं हो केवल बंधु
सब ही
परन्तु अतिरिक्त एक बंधु नहीं।

इस मैदानी इलाक़े में

इस मैदानी इलाक़े में इस साल भी
पहाड़ नहीं है
पहाड़ न जाने कब से वहाँ है, जहाँ वे हैं।
उन्हें अब हटकर होना चाहिए
मसलन विंध्याचल, मोटर स्टैंड या कचहरी से सटकर
गाँव की पाठशाला या खेत के पीछे सतपुड़ा केवल।
हिमालय वहाँ ज़्यादती है
जहाँ हिमालय नहीं है।
वह मैदान ज़्यादती है
जहाँ मैदान नहीं है।
टाटानगर ज़्यादती है
जहाँ टाटानगर नहीं है!
इस साल यह समतल विस्थापित हो हिमालय पर
तराई पर नहीं
चोटी पर इस मैदान का शिखर इलाक़ा हो।
भोपाल हो अब की साल
बाँकल, पनियाजोब के पास।
गंगा के किनारे से हटकर
काशी महानदी के पास।
गरियाबन्द गंगा से,
चंडीगढ़ साँची से,
नांदगाँव से फरीदकोट,
और मद्रास से जुड़ा हो मुरादाबाद
सब जगह इस तरह विस्थापित हो
सब जगह के पास

कि सब जगह हो सब जगह के पास
और अकाल, आतंक, दुकाल में अबकी साल
गाँव से एक भी विस्थापित न हो।

सुबह है

सुबह है
जीवनपर्यंत की सुबह है
इस आजीवन सुबह के सुबह-सुबह में
उस बूढ़ी कोचनिन से भाजी ही ख़रीदना
जिससे मोल-भाव नहीं करता मैं
जो पालक रुपया में दस जूड़ी कहती है
और गिनते समय बारह देती है।

मैं दो जूड़ी लेने से इनकार करता हूँ
कि दाई ज़्यादा है
तो ग़ुस्सा होकर
नहीं बेचना है कहकर
सब पालक वापस करने को कहती है।

हारकर ठगा हुआ
दस के बदले बारह जूड़ी लेता हूँ
दो दिन के दो सुबह उपराहा पाता हूँ
इसी उम्र में दो उम्र जीवन पाता हूँ।

जीने की आदत

जीने की आदत पड़ गई है
जीवन को जीने की ऐसी आदत में
बरसात के दिन हैं यदि
तो जीने की आदत में बरसात होती है।
छाता भूल गया तो
जीवन जीने की आदत में
छाता भूल जाता हूँ
और भीग जाता हूँ।
जब बिजली कौंध जाती है
तब बिजली कौंध जाती है
आदतन जीना, उठना-बैठना, काम करना।
थोड़े-थोड़े भविष्य से
ढेर सारे अतीत इकट्ठा करता हूँ
बचा हुआ तब भी ढेर सारा भविष्य होता है
ऐसे में ईश्वर है कि नहीं की शंका में
कहता हूँ—मुझे अच्छा मनुष्य बना दो
सबको सुखी कर दो।
तदनुसार अपनी कोशिश में
पता नहीं कहाँ से
आदत से अधिक दुःख की बाढ़ आती है
जैसे पड़ोस में ही दुःख का बाँध टूट गया
और सुख का जो एक तिनका नहीं डूबता
दुःख से भरे चेहरे के भाव में
मुस्कुराहट सा तैर जाता है
न मुझे डूबने देता है

न पड़ोस को
और जब बिजली कौंध जाती है
तब बिजली कौंध जाती है
अँधेरे में बिजली कौंध जाने के उजाले में
सँभलकर एक क़दम आगे रख देता हूँ।
जीवन जीने की ऐसी आदत में
जब मैं मर जाऊँगा
तब कोई कहेगा
शायद मरा नहीं
तब भी मैं मरा रहूँगा
बरसात हो रही होगी
तो जीवन जीने की आदत में
बरसात हो रही होगी
और मैं मरने के बाद
जीवन जीने की आदत में
अपना छाता भूल जाऊँगा।

अब पहुँच ही गए हैं

अब पहुँच ही गए हैं
भविष्य कितना निकट
कि ठीक अगला क्षण।
वर्तमान कितना अतीत
कि ठीक यही क्षण।

बहुत समीप के भविष्य
और बहुत समीप के अतीत को
इर्द-गिर्द लिये
रात में उपस्थित हूँ।

मेरा पुराना
घुन लगी लकड़ी की पेटी में
अतीत का विस्मृत कबाड़ है
और स्मृति में नया बहुत नया।

अब पहुँच ही गए हैं
इस समय रात्रि के आठ बजे होंगे
रुकने के लिए रात के समय में
एक जगह बनाना चाहता हूँ
परन्तु समय इसे
यात्रा की रात बना देता है
और दिशा इसे अमावस।
न पहुँचने के अन्त तक लगता है
कि अब पहुँच ही गए हैं
जैसे पहुँचने के अन्त तक।

अतीत को स्मरण

मैं अतीत को स्मरण करता हूँ
मैं भविष्य को स्मरण करता हूँ
क्या होने वाला है को
हो चुका की तरह
होता देखता हूँ
इस तरह भविष्य से
अतीत की तरफ़
आने जाने वाले रास्ते पर
समय से दुर्घटनाग्रस्त होता हूँ
कि इस रस्ते पर सिर झुकाए जा रही
तीस वर्ष की वह लड़की
चालीस वर्ष की है
और उसका ब्याह नहीं हुआ।
तीन लड़के जो स्कूल जा रहे हैं
उनकी पढ़ाई पूरी हुए
कई बरस बीत गए
और किसी को काम नहीं मिला के आख़िर में
हत्या करने का उनको काम मिला।

वह जो पहाड़ दिख रहा है
स्मरण करता हूँ नहीं है
यह जो नदी बह रही है
याद आती है सूख गई।
एक हवा आती है
और चट्टानी शाश्वत की धूल उड़ती है।

तपते मरुस्थल में
एक हरी पत्ती मिलने का आश्चर्य मिलता है
तो पत्ती के सूख जाने के बाद भी
सारा जीवन उस हरी पत्ती के आश्चर्य से चकित
सूखी पत्ती को बल्कि हरी पत्ती के आश्चर्य को
सहेजे समय से बुरी तरह दुर्घटनाग्रस्त होकर
आज अभी की भाषा में बोलते हुए
भविष्यवक्ताओं की भीड़ से दबकर
भाषाविहीन मेरी चीख़ निकलती है
कभी धर्म और जाति के
राजनैतिक, अराजनैतिक जुलूस से दबकर
धर्मविहीन, जातिविहीन चीख़ चीख़ता हूँ।

मेरी चीख़ अवाक् होती है
जब भविष्य-सी मरी हुई
एक छोटी-सी लड़की को
पीछे के दरवाज़े से
घर से बचाकर बाहर निकालते हुए
एक डरी हुई माँ को देखता हूँ
तो अवाक् चीख़ रोकता हूँ
कि कोई सुन न ले।
आसपास सभी घरों में
लड़कों के पिता बनने वाले पिता हैं
अजन्मी लड़कियों को
कोख में मार डालने वाले हत्यारे पिता।
अपने बेटों के ब्याह की फ़िराक़ में
ये निकलते हैं
तो मैं इनसे कुचला जाता हुआ
एक लड़की के पिता की चीख़ चीख़ता हूँ
दो लड़की के पिता की चीख़ बहुत दर्दनाक चीख़ता हूँ।

बेहोश होकर की नींद है
जागरण की तरह जो सच है
वह दुःख की तरह का जागरण है

ऐसे में कभी एक दिन की तरह होगा—
होता है का दिन है
चालीस वर्ष की, सिर उठाए अभी-अभी ब्याह कर
आती हुई लड़की के बालों में
मोगरे का गजरा बँधा है
उसने हल्का-सा पाउडर लगाया है
जो अच्छा लगता है
जाते हुए वह मुझे अपने पिता की तरह उठाती है
मैं उसके पिता की तरह उठता हूँ
और भविष्य सोचने के आम मौक़े पर जाकर
खड़ा हो जाता हूँ।

मनुष्य सभ्य है

मनुष्य सभ्य है
इसलिए हो सकता है
घर में रखे हिमालय की तस्वीर के कारण
हिमालय सभ्य है
हवा, पक्षी, आकाश सभ्य हैं।
युगों का हिमालय युग से
विस्थापित होकर
आज के दिन आजकल इस तरह है
कि चित्र में शरणार्थियों के टेंट का आकार
त्रिभुज जैसा लगता है
और त्रिभुज का शीर्ष एवरेस्ट है।
हमारे समय में इसी में हिमालय रहता है।
या समय पर ही
हिमालय की श्रेणियों की श्रृंखला है
जो युगों से शुरू होकर
इन दिनों आज तक आगे के दिनों तक है
कि हिमालय से समय विस्थापित हुआ है
और हिमालय के
किसी एक कोने के शरणस्थल पर
समय बसा है
और वही हिमालय! हिमालय!
वैसा ही वही!!
एक छोटी गौरय्या वही
वही नीम का पेड़ वही।
समय उनका है

उनके समय में आना और जाना है।
उस लड़की का नाम चिड़िया है
उस लड़के का नाम शाश्वत
और घर के सामने कैलाश रहता है।

जलप्रपात है समीप

जलप्रपात है समीप
जल-बिन्दु के साथ
हवा का झोंका आ रहा है।
जलप्रपात अपनी जलप्रपात ध्वनि से
सब ध्वनियों को निस्तब्ध कर रहा है।
वहाँ जाने के पहले
जो कुछ कहना सुनना है
कह सुन लिया गया
कि जलप्रपात के पास
केवल जलप्रपात ध्वनि को सुना जाता है
इस भाषा को पुरखे सुन चुके होते हैं
और पीढ़ियाँ सुनने वाली होती हैं
अलावा कुछ भी सुनाई नहीं देता।
तब भी प्रपात के पास
पेड़ की पत्ती से इकट्ठी हुई बूँद—
के टपकने की आवाज़ होती होगी।
चिड़िया चहचहाती है
जिसकी चहचहाहट सुनाई नहीं देती
और चिड़िया के बच्चे जवाब दे रहे होते हैं।
एक गीली काली चट्टान के
नीचे से निकलकर एक कीड़ा भी
बोल रहा होगा
सब अपनी आवाज़ बोल रहे होते हैं
वहाँ मैं कोरस गाता हूँ।

बोने को चार बीज

बोने को चार बीज हैं धान के
जाते-जाते झरकर बच गए देहरी में
जैसे स्वयं बचे ये बीज
सबकी नज़र बचाकर।
पर बचा नहीं अबकी बार
खेत का अन्तिम टुकड़ा
किसान होना भी उसका नहीं बचा
वह बिना खेत का।
बचा रह गया मोह
खेत के अन्तिम टुकड़े का।
बिना बोए ये चार बीज
कभी अंकुरित नहीं हुए
बिना बोए इन बीजों का
कोई अर्थ भी अंकुरित नहीं हुआ।
अर्थ अंकुरित होने का भी
जैसे अन्तिम टुकड़ा खेत का नहीं बचा।
फिर भी बचा रह गया मोह
अर्थ अंकुरित होने वाले
खेत के अन्तिम टुकड़े का।

उस अधूरे बने मकान के पीछे

उस अधूरे बने मकान के पीछे एक प्राचीन बड़ा मन्दिर है
पान की दुकान से सटा हुआ एक मन्दिर है
झोंपड़ियों के बीच लाइन से तीन मन्दिर हैं
वैसे ही टूटे-फूटे दो मन्दिर और देखता हूँ
सड़क के किनारे का मन्दिर
आधा धँसा हुआ है
उसके बाद एक बावड़ी है।
जहाँ मूँगफली वाला बैठा हुआ है
वहाँ दीवाल से टिकाई हुई विष्णु की मूर्ति है
जहाँ डाव बेचने वाली बुढ़िया बैठी हुई है
उसके पास की चट्टान की ब्राह्मी लिपि खुदी हुई है।
हिलते-डुलते पेड़ की झुरमुटों की आड़ से
कोई टूटा-फूटा मन्दिर इस तरह दिख जाता है
कि पहले किसी को नहीं दिखा है।
जगह-जगह इतना प्राचीन है
कि घूमते-घूमते थक चुका हूँ
अँधेरा हुआ
आठवीं शताब्दी के अँधेरे की तरह
मुझे लगता है वही चाय की दुकान होगी
उसके पुराने जर्जर दरवाज़े को खटखटाता हूँ
दरवाज़ा खुलता है
यह दरवाज़ा भी मन्दिर का है
एक ग़रीब छोटी लड़की
ढिबरी लिये खड़ी है
यह एक छोटा-सा बहुत ग़रीब शिव का घर है।

एक प्रवासी आया है

एक प्रवासी आया है।
यह प्रदेश यहाँ बसा हुआ
एक नदी बसी हुई
बसी हुई नदी में प्रवासी ने स्नान किया।

बसे हुए पर्वत से मित्रता की
जो दूर से दिखने लगा था
और पहुँचने के पहले साथ हुआ।

इस पर्वत में किसी की राह देखने की ऊँचाई है
कि आने वाला दूर से दिखाई देता है।
इस बसे हुए पर्वत में
दूर तक जाता हुआ देखने की ऊँचाई भी।

एक प्रवासी
जगह-जगह के आकाश को लौटाता
यहाँ के बसे आकाश को
यहाँ लौटाने आया है।

एक जन लौटने का प्रवासी
लौट आया
और बिना रुके जा रहा है।

केवल बहुत सन्नाटा

केवल बहुत सन्नाटा
कि झींगुर की
एक ही आवाज़ की
प्रतिध्वनि की प्रतिध्वनि
की लगातार ध्वनि सुनाई देती है।

केवल गहरा अँधेरा
अँधेरे की प्रतिछाया की काली प्रतिछाया
से गहराते अँधेरे से भरे
कुएँ के तल में
मेरी परछाईं की काली छाया पड़ी हुई।

सब गहन काला गहराया है
जागकर देखती आँखें
नींद में जो स्वप्न देखती हैं
यह देखना
देखने का अतिरिक्त है।
स्वप्न के अतिरिक्त घर-संसार में
मेरा अतिरिक्त
मेरी पत्नी के अतिरिक्त के साथ
अतिरिक्त सुख-दुःख पाता है
अतिरिक्त दुःख कुछ अधिक
कि जाग जाता हूँ
मेरे जागने का यह अतिरिक्त
जाग जाता हूँ।

आकाश अंतरिक्ष का रस्ता है हमारी ओर

आकाश अंतरिक्ष का रस्ता है हमारी ओर
यहीं से प्रथम छोर पर अनंत दिखता है
कि अन्तिम छोर पर भी अनंत है
यह आकाश बतलाता है
कि हम जहाँ रहते हैं यह संसार है
हमारी कल्पना में कुछ भी बाक़ी नहीं
जो कुछ बाक़ी है आकाश में है
यदि मैं कल्पना की जगह से
कल्पना को हटाता हूँ
तो वहाँ आकाश को पाता हूँ
बहुत पास और चमकदार।
यदि खिड़की से काँच की धूल को साफ़ करने से आकाश साफ़ दिखता है
तो खिड़की खोलकर अंतरिक्ष झाँकता हूँ।

कुछ दिनों से मैं कल्पना का काम आकाश से लेने लगा हूँ।

कि कुछ दिनों तक

कि कुछ दिनों तक
मैं उसे अच्छा आदमी समझता रहा
बल्कि काफ़ी दिनों तक
और काफ़ी दिनों के बाद भी
अच्छा आदमी समझता रहा
हर बार समझा
बार-बार शुरू से आख़िर तक।

अधिकतर लोगों ने उसे बुरा कहा
न्यायपालिका ने बल्कि हत्यारा भी
जितना मुझे उस आदमी के अच्छे होने पर विश्वास था
उतना सत्ता और सर्वोच्च न्यायपालिका पर कभी नहीं था।

वह एक ग़रीब आदमी था।

दुनिया में अच्छे लोगों की कमी नहीं है

दुनिया में अच्छे लोगों की कमी नहीं है
कहकर मैं अपने घर से चला।
यहाँ पहुँचते तक
जगह-जगह मैंने यही कहा
और यहाँ कहता हूँ
कि दुनिया में अच्छे लोगों की कमी नहीं है।
जहाँ पहुँचता हूँ
वहाँ से चला जाता हूँ।

दुनिया में अच्छे लोगों की कमी नहीं है—
बार-बार यही कह रहा हूँ
और कितना समय बीत गया है
लौटकर मैं घर नहीं
घर-घर पहुँचना चाहता हूँ
और चला जाता हूँ।

हज़ार वर्ष पुराना है कटक

हज़ार वर्ष पुराना है कटक
कटक को कैसे देखूँ कि वह मुझे हज़ार वर्ष से
बसा हुआ दिखे
कोई अवशेष हज़ार वर्ष पुराना
कोई उजाड़ हज़ार वर्ष में देखना नहीं चाहता।
महानदी और कठजोड़ी के बीच
बसे हुए को देखता हूँ
कि हज़ार वर्ष से बह रहा है इन नदियों का जल
हज़ार वर्ष के आकाश को इस समय का आकाश
हज़ार वर्षों की आज की रात्रि में एक स्वप्न
कि कटक बसने की पहली रात्रि में
एक निवासी स्वप्न देख रहा है
उसके स्वप्न में मैं हूँ
और मेरे स्वप्न में वह।

इतिहास की एक नदी को

इतिहास की एक नदी को
एक बिछुड़े लोगों के शहर के किनारे
मैंने पाया कि गंगा है
गंगा नदी का अवशेष, जल खँडहर।

बाढ़ आई होगी के बाद
बिछुड़े लोगों के एक शहर में
मिल जाने वाले रास्ते
खो जाने वाले रास्ते हैं।
बिछुड़े को ढूँढ़ने
मैं इन्हीं खो जाने वाले रास्तों में हूँ
जो नहीं मिले थे
उनको पाने
स्वयं अपने नहीं मिलने में
चला जा रहा हूँ
इधर-उधर की गलियों में
अपने मिल जाने का समय बिताकर
अपने खो जाने का समय बिताता
जा रहा हूँ।

इस समय चिल्लाकर मैं कह रहा हूँ
कि उस समय एक सुनाई दे
मुझे ढूँढ़ना मत।

रात को याद करता हूँ

रात को याद करता हूँ
ताकि मैं उसे
शब्दशः दुहरा सकूँ—
अँधेरे को एक और अँधेरे में
अनगिनत तारों को
अनगिनत तारों में और
बार-बार तारों के अनगिनत में।

दबोचे जाने को
दबोचे जाने में शब्दशः
छटपटाहट को
बिल्ली के मुँह में दबे
पक्षी के पंख की फड़फड़ाहट से,

अथवा मेरी शब्दहीनता में
मेरी छटपटाहट को
ध्वनिशः वह पक्षी फड़फड़ाता होगा

शब्दहीनता में
किसी भी कविता के पहले
मैं मुक्ति को
मुक्तियों में दुहराता हूँ ध्वनिशः
जो झुंड में उड़ जाता है।

छाता लेकर काम पर

मैं छाता लेकर काम पर जाता हूँ।
बहुत तेज़ धूप है
बरसात के लिए बादल नहीं
छाया के लिए भी बादल नहीं
धूप से बचने के लिए
मैं छाता लेकर काम से जाता हूँ।
छाते की छाया की मेरी बदली
अपनी इस बदली के छाते को लेकर जाता हूँ।
बहुत भुलक्कड़ हूँ
किसी पेड़, ऊँची चट्टान, किसी घर की दीवाल,
दरवाज़े, देहरी की छाया में
अपने छाते को
बार-बार भूल आता हूँ
अपरिचित, परिचित, आत्मीय, किसी छाया में
अपना भूला छाता पा लेना चाहता हूँ, और
पाता जाता हूँ।

दर्शन के स्थान पर भीड़ लगी है

दर्शन के स्थान पर भीड़ लगी है
मेरा दिखना उसके दर्शन को
ढूँढ़ता है।

उसके दर्शन में
मैं अपने दिखने से
आत्मसात होना चाहता हूँ।
अपने होने से
समा जाना चाहता हूँ
उसके होने में।

मैं सम्मुख हो जाना चाहता हूँ
उसी के होने के एकान्त में
अपने को भस्म कर डालने का
माथे पर प्रेम का भभूत लगाए।

पानी को

पानी को
पानी की गठरी में बाँध दिया
कपड़े को कपड़े की गठरी में
पानी की गठरी है तालाब
कमल गठानें हैं।

खिले-खुले अधखुले कमल से
अपने-अपने में बहता पानी
अपने-अपने में
फिर तुमने में बहता
जल की बड़ी बूँद तालाब
जल को पानी की गठरी में बाँध दिया।

उससे यहीं मिलने का निश्चय।

उससे यहीं मिलने के निश्चय को
यहीं मिलने के निश्चय में
बाँध दिया।

तुम खड़ी क्यों हो

तुम खड़ी क्यों हो
बैठ जाओ।

नहीं अब मैं चलूँगी।
यह सुनते ही
जाने को कब से उद्धत यह पहाड़ है
जिसकी चोटी पर
एक घर मन्दिर है
और एक देवी स्त्री।
वह जा रही मूर्ति थी।

वह पत्थर की तरह कठोर नहीं थी।

उसके चले जाने के समय से
जाने को उद्धत यह पहाड़
किसी एक दिन से
उसके आने की प्रतीक्षा में
उद्धत पहाड़ है।

उसने उसके स्पर्श का

उसने उसके स्पर्श का अनुमान लगाना चाहा
लगा कि अनुमान में स्पर्श का गुण आ रहा है
उसने अनुमान लगाया अग्नि
वह थोड़ा जल गया।
उसने अनुमान लगाया जल
वह थोड़ा भीगकर डूब गया।
उसने धूप का अनुमान लगाया
और उसने छुआ कि सूर्य को ढके हुए बादल
हट गए हैं।
उसने अंतरिक्ष का अनुमान लगाकर
ऐसा गहरा स्पर्श किया
कि नक्षत्रों की बाढ़ में
वह थोड़ा डूबकर भीग गया?

जब उसने उसके स्पर्श का अनुमान लगाना चाहा
तब वह उसके स्पर्श का अनुमान
ठीक-ठीक नहीं लगा सका।

इस छुआ-छुआइल के खेल में

इस छुआ-छुआइल के खेल में
मैंने देख लिया उसे
कि सामने दूर वह
बरसात के दिनों का वही दृश्य है,
कि धान के आख़िरी खेतों के बाद
वहाँ पेड़ों का झुंड है
मेड़ में काँस के फूल की
टेढ़ी-मेढ़ी सफ़ेद लकीर स्थिर है
परन्तु हवा वहाँ चल रही है
ध्यान से देखने पर पेड़ हिलते-डुलते दिखाई देते हैं
लेकिन उनकी आवाज़ मुझे सुनाई नहीं देती
उस जगह की एक भी आवाज़ सुनाई नहीं देती
मूक चुपचाप वह
दूर चला गया दूर का दृश्य है।

इस छुआ-छुआइल के खेल में
मुझे मालूम है मेरे पीछे भी
इसी तरह का एक दृश्य है
बहुत दूर एक हरे टीले के साथ
वह इस तरह है
जैसे मुझे मालूम नहीं
कि वह पीछे है।
छुआ-छुआइल में
मुझे लगता है कि मैं चौकन्ना हो गया हूँ
कि पीछे की सबसे अधिक दूरी

मुझे छूने के क़रीब आ रही है
अगर मैं मुड़ा तो पीछे की सबसे अधिक दूरी
सबसे अधिक दूर चली जाएगी।
मैं मुड़ा और
पीछे की सबसे अधिक दूरी
सबसे अधिक दूर चली गई।

एक झोंपड़ी का घोटुल था

एक झोंपड़ी का घोटुल था।
सल्फी का पेड़
बहक कर घोटुल से दूर उगा था।
उसमें चिड़िया का घोंसला घोटुल था।
युगल तारों से भरा जंगल का आकाश घोटुल आकाश था।
चन्द्रमा उड़ता हुआ वहाँ उगा था,
और चाँदनी की उड़ान
फैल गई थी।

पलाश के पेड़ की शाखा पर
एक अकेला पक्षी बैठा था।
महुआ के पेड़ की शाखा पर
एक अकेली चिड़िया बैठी थी।
रात्रिवास के आदिवासी पक्षी
तुम्हारी चिड़िया कहाँ है पक्षी
रात्रिवास की आदिवासी चिड़िया
तुम्हारा पक्षी कहाँ है चिड़िया।

अंतरिक्ष की शाखा पर घोंसले की तरह लटकी पृथ्वी में
एक चिड़िया अंडे से रही थी।
संसार के होने में संसार घोटुल था।

घंटे को मैंने बजाया

घंटे को मैंने बजाया
घंटे की ध्वनि मैंने सुनी
फिर अनुरणन। —

कितना निर्जन है यह क्षेत्र
मेरी उपस्थिति और पेड़ों की आड़ में
छुपा हुआ यह खँडहर मन्दिर!
अपनी उपस्थिति के साथ
मैं ऐसी ही निर्जनता लिये फिरता हूँ
और प्रतीक्षा ऐसी ही।

असमाप्त लौटने की राह पर लौटता हूँ,
घंटे का अंतर्नाद
मुझे सुनाई देता है—
घंटे का आर्तनाद
आर्तनाद का अनुरणन
असमाप्त मेरे साथ होता है

दरवाज़ा नहीं था मन्दिर में

दरवाज़ा नहीं था मन्दिर में
पत्थर के चौखट में दरवाज़े का निराकार था।

इस निराकार दरवाज़े के अस्पष्ट बन्द या खुले को
मैं स्पष्ट खोलता हूँ।

बहुत देर लगा दी—उसने कहा।
वह मेरी सदैव प्रतीक्षा में खड़ी
स्थापित थी।

तब देर से आने की सदैव कथा कहता हुआ
कत्थक की एक मुद्रा में
उसके दाहिने आकर में
सदैव स्थापित
खड़ा हो गया—
उसकी सदैव प्रतीक्षा के दाहिने सदैव आया हुआ।

मन्दिर का एक सदैव घर था।

हाथ बढ़ाकर मैं भी उसे स्पर्श करता हूँ

हाथ बढ़ाकर मैं भी उसे स्पर्श करता हूँ
जब मैंने पत्थर को पत्थर के स्पर्श में देखा
पत्थर का होना शाश्वत होना है—उसने कहा।

क्या मेरा स्पर्श भी पत्थर का हो
मेरा पत्थर का हाथ
उसके पत्थर के गालों को स्पर्श करे!

हम दोनों शाश्वत होने से बच गए
मैं भी चकित नहीं हूँ
और वह भी
कि हम दोनों शाश्वत होने से बच गए।

पत्थर का होना शाश्वत होना है के
खँडहर का एक टुकड़ा
पत्थर का होना शाश्वत होना है के वाक्य का टुकड़ा है—
एक टुकड़ा-होना
एक टुकड़ा है
एक टुकड़ा शाश्वत का
खँडहर में दबा पड़ा हुआ।

अन्तिम समय तक के लिए

अन्तिम समय तक के लिए
उनका एक गृहस्थ आश्रम
एकान्त के घने वन से छुपे
जीवन की अथाह गहरी नदी के किनारे।

इसी नदी के जल में डुबकी लगाकर
दोनों स्नान करते
कलश में वह
यही जीवन जल भरती
और यही जल वे ताँबे के लोटे में लेकर लौटते।

अपनी कर्म साधना के चलते
दोनों नदी की मँझधार तक पैदल भी चले जाते
किसी डूबते का दु:ख बाँटते
और हाथ पकड़कर उभार लेते
कभी स्वयं को स्वयं से।
यदि भँवर के गड्ढे में पैर पड़ जाता
तो चक्कर आ जाता।

उस पार के किनारे से
जहाँ साप्ताहिक हाट भरता
एक सफ़ेद झोले में वे कभी
थोड़ा-सा अन्न लाते
और वह टिकुली, सिंदूर, फीता,
दो बीता गया कपड़ा

कभी अँगोछा, नमक, मिट्टी का तेल।

एकान्त के वन में उनके इस गृहस्थ आश्रम में
बचपन की देखी चिड़ियाओं का झुंड
उड़ता हुआ आता
और जिस आम के वृक्ष पर
युवावस्था के फल तोड़ने की स्मृति होती
उसी पेड़ पर बैठ जाता।
सचमुच की चिड़िया
स्मृति की चिड़िया की तरह बैठी होती
वह उड़ जाती
परन्तु स्मृति की चिड़िया नहीं
वह तो घोंसले बनाने लगती।
आश्रम के आँगन में
पछोरे अन्न के दानों को चुगने
दोनों के बचपन की देखी चिड़िया बैठ जाती।

और जब-तब एक गुड़िया
जिसका वह ब्याह नहीं करा पाई होती
अक्ति के दिन या आए दिन
अपने आसपास में
या दूर-दूर में
कब से रखा एक गुड्डा ढूँढ़कर
ब्याह करा देती।
गुड़ियाओं के बड़े होने की
वह राह देखती
और गुड़िया कभी भी
बहुत बड़ी नहीं होती
इसलिए एक अच्छा गुड्डा
कुछ देर से सही, ढूँढ़ लेती।

उनकी कम होती आवश्यकताओं में
सूर्य की एक किरण से प्रातः
और अन्तिम एक किरण के डूबने से संध्या होती,

सूर्य को उन्होंने जमा करा दिया था
कि कल दूसरों के काम आएगा
यद्यपि तब भी प्रात: की एक किरण,
और प्रात: और पूरा दिन नया होता
और संध्या की अन्तिम किरण
अन्तिम नहीं होती अगले दिनों में भी।
इस दिनचर्या में वे उषाकाल की पहली और संध्या की किरण को
गठान लगाकर जोड़ देते
भविष्य के धब्बों को धोकर
कल के उपयोग के लिए
इसी अरगनी में सूखने डाल देते
तथा बचे समय में
बीती ग़लतियों को सुधारने का
काम लेकर बैठ जाते
तो दूसरों की ग़लती अपनी ग़लती लगती
और दिन बीत जाता।

रात्रि होते ही गहरी होती
और अँधेरा होती अंधकार
बहुत जल्दी सोते हुए
दोनों प्राय: सुबह का स्वप्न देखते
और रात में चौंककर दो-तीन बार उठते
कि सुबह हो गई
और दोनों में से कोई
दोनों में से किसी को सुला देता
कि रात बाक़ी है सो जाओ।

साथ-साथ सोते हुए
एक ही स्वप्न देखते।
टूट जाता तो वहीं से जोड़ते
जहाँ से टूटा होता और देखने लग जाते।
स्वप्न के जोड़ का पता नहीं चलता
कुछ छूटता नहीं।

एक ही जागरण के दिन में
इस तरह शामिल होते
कि काम का समय कम पड़ जाता
बचा काम कम नहीं होता
नया काम और जुड़ जाता
इसलिए प्राय:
सुबह के धोखे में
आधी रात को उठे दोनों
ज़रूरी काम कर रहे होते
बहुत देर बाद एक-दो चिड़ियों का बोलना
सुनाई देता
अँधेरा कुछ बचा होता
परन्तु उनका सबेरा
आधी रात को हो चुका होता।

शायद

शायद
वहाँ शेष बचा हो सकता है
ख़ूँख़ार भीड़ के चले जाने के बाद
शायद एक दयालु एकान्त
दंगे में सब कुछ,
एक पूरा परिवार
भाई, बहिन, पत्नी, बच्चे
चुन-चुनकर बूढ़े माता-पिता भी
गँवा देने के बाद।
बचा हो सकता है इक्के-दुक्के घर में
बँधी बछिया, कुत्ते का पिल्ला
काली मुर्गी या पिंजड़े का तोता,
शायद नहीं
बचा हो सकता
एक स्तब्ध व्यक्ति
शायद वह भी नहीं।
शायद बचा हुआ—
शायद।

उछलती-कूदती

उछलती-कूदती आई लड़की को
फ्रॉक छोड़कर साड़ी पहनने के लिए कहा गया
तो वह दौड़ते हुए लगातार आड़ में होने लगी
पहले एक पेड़ की आड़ में हुई
तो पेड़ कट गया
जंगल की आड़ में हुई तो
जंगल कट गया
धान के खेतों के अन्दर घुसकर
धान की आड़ में हुई
धान कट जाने के बाद
तालाब में कूदकर
पानी की आड़ में हुई
तालाब सूखा तो घाटियों से उतरकर
पहाड़ की आड़ में हुई
पहाड़ टूटा तो
इसके बाद
दूर तक मैदान था
वहाँ आड़ में होने के लिए
कुछ भी नहीं था
भागकर क्षितिज में थककर खड़ी हो गई
खड़े-खड़े कमर से नीचे ज़मीन हुई
कमर से ऊपर आकाश हुई
इस खुले मैदान में आड़ में होने को एक दृश्य रहता है।

गाड़ी से उतरते ही

गाड़ी से उतरते ही
स्टेशन से पैदल
बहुत तेज़ धूप में
जल्दी-जल्दी कि देर न हो जाए
चाचा के घर आया था
बहुत उदास थका हुआ
सूखे खेतों के बीच पगडंडियों से।
शुरू में तो वहाँ भी पानी बरसा था
धान अंकुरित हुए और सूख गए।
रास्ते में जो मिला
उधर बारिश के हाल पूछे
और चाचा के घर पहुँचते ही यही हुआ
छोटे मुन्नु तक ने पूछा—वहाँ पानी गिरा?
बरामदे में खड़े चाचा से
अकाल, राष्ट्र और आतंक की चर्चा होने लगी
पास-पड़ोसी आ गए
बहस होने लगी
अन्त में मैं कह पाया—
अम्मा बहुत बीमार है।
यह ख़बर बताने में मुझे देर हुई।

इतने दिनों से कहीं बारिश नहीं हुई।

दीवाल में एक खिड़की रहती थी

दीवाल में एक खिड़की रहती थी
खिड़की से एक दृश्य रहता था
एक झोंपड़ी, दो पगडंडी, एक नदी
और दो-एक तालाब रहते थे
एक आकाश के साथ सबका होना रहता था
लोगों का आना-जाना कभी-कभी रहता था
पेड़-पक्षी रहते थे
खिड़की से सब कुछ रहता था
नहीं रहने में एक खिड़की खुली नहीं रहती थी
रहने में एक खिड़की खुली रहती थी
खिड़की से हटकर दीवाल में एक आदमी रहता था।

बचाकर रख लेनी चाहिए हवा

बचाकर रख लेनी चाहिए हवा
साँस लेने के लिए
दूर नल से पानी लाते हैं
वैसे ही नालियों, दुर्गंध से दूर जाकर
एक साबुत घड़े में शुद्ध हवा लानी चाहिए।
शाम को थके-हारे मेहनत-मज़दूरी से लौटने के बाद
अपने बच्चे-पत्नी के साथ
साँस रोककर
घर से दूर भागने का अभ्यास करना चाहिए
और भागते हुए अपने शहर के भोपाल से
बाहर चले जाना चाहिए।
रात में तकिए के नीचे
चार-आठ आने की रेजगारी के साथ
नींद बचाकर रख लेनी चाहिए
और जागते रहना चाहिए।

घटते-घटते जीवन इतना ही बचा है
भरपूर जीवन की लड़ाई के लिए
जीवन को कितना
और कैसा बचा होना चाहिए?

जंगल के उजाड़ में

जंगल के उजाड़ में
काँदा खोदते-खोदते
भूख से बेहोश पड़े आदिवासी के लिए
कौन डाक्टर को बुलाएगा!
उसे अस्पताल ले जाना चाहिए
या रसोईघर!!
यहाँ दूर तक कोई अस्पताल नहीं
दूर-दूर तक ऐसी झोंपड़ी नहीं
जहाँ रसोई पकती हो।
भूख से बेहोश पड़े आदमी का
प्राथमिक उपचार क्या होगा!!
बेहोशी में लगेगा कि अभी सोया हुआ है
और उसे सोने दिया जाए
बेहोशी में मर जाए तो
कैसे पता चलेगा कि मर गया
और अब कुछ नहीं हो सकता!!
यदि वह मर गया
तो उसके हिस्से का
हंडी में थोड़ा भी भात नहीं था
जो दूसरे के लिए बच जाता—
दूर किसी पेड़ के नीचे या झोंपड़ी में
उसकी पत्नी और तीन बच्चे
भूख से मरते हुए उस आदमी का

इंतज़ार करते होंगे
कि वह काँदा खोद कर ला रहा होगा
फिर वे भी भूख से मर जाएँगे।
कुछ ही दिनों से यह एक आदिवासी कथा है
कि बहुत बरस से जंगल में
बहुत से आदिवासी भूख से मर जाते हैं।

पुराना ज़ंग लगा ताला कहीं दिखता है

पुराना ज़ंग लगा ताला कहीं दिखता है?
यह प्रश्न विरासत के खुले संसार में
ध्वनियों के कैमूफ्लाज में
सुनाई नहीं दिया
एक दिन किसी समय, किसी जगह
किसी से पूछा गया सा
एक और ज़ंग लगे ताले की तरह
कहीं जड़ा रहा।

अपनी स्वतंत्रता की जगह में
जैसे दस बाई दस फ़ुट की जगह में
दस लोग दसवें फ़ुट के कोने तक
अपनी इच्छा से आना-जाना करते
और मौक़ा निकालकर
साथी के कान में गुप्त बात कह देते
आज कौन-सा दिन है?
क्या वही तारीख़ जो पिछले माह थी?
वही महीना जो कई वर्ष पहले था?
वही शताब्दी जो पचास वर्ष पहले थी?
गुप्त प्रश्न के गोपनीय निरुत्तर उत्तर होते
पूछनेवाला निरुत्तर को पाकर सन्तुष्ट हो जाता
और अभिव्यक्ति में 'हाँ' के लिए धीरे से अपना सिर हिला देता।
यह सिर हिलाना बिना कटे सिर को
ज़मीन पर गिरने से पहले सँभालने जैसा लगता—
क्या मस्तिष्क में भूकम्प आया?

मस्तिष्क में नहीं, दस बाई दस फ़ुट की धरती में
इस धरती पर खड़े आदमी के सिर को केवल
फोकस किया गया—
धीमी गति से
कि भूकम्प जिसमें धरती डोल जाती है
तब जिस तरह डोलता है—
हाँ के लिए डोलता है।

जो जन्म से क़ैदी हैं
उनकी उम्र पूछने पर वही क़ैद की उम्र होती।
इस जोड़ में ग़लती होती होगी
कि एक क़ैदी माँ के कोख के काल को
क़ैद में शामिल किया जाए या नहीं
दुविधा कि कोख में बच्चा स्वतंत्र था?

पुराना ज़ंग लगा ताला कहीं दिखता है?
यह प्रश्न
लोग ऊब गए हैं की दिशा की तरफ़ से उठता
कभी ऊबे नहीं हैं की दिशा की तरफ़ से
दोनों दिशाएँ एक-दूसरे से सटी होतीं
दिशाओं के फैलने की जगह न होने से
एक उँगली के इशारे पर
कई दिशाएँ होतीं।
और कभी हद हो गई दिशा की ओर से
इस दिशा के ऊपर छत का आकाश होता
छत के आकाश में
अमावस की रात के समय
पच्चीस वाट का टिमटिमाता तारा
स्विच आन होने से उगता—
एक अकेली तरय्या।
जीवन के इस घुप्प अँधेरे में
बिजली की कटौती से
यह तारा दो-तीन रात न उगे तब
तारे की स्मृति का प्रकाश भी बुझ जाए।

दिन में बल्ब का जलना शुरू हुआ
तो सूर्य की स्मृति का प्रकाश बुझा।

दिन बीते फिर स्मृति के दिन
मानवाधिकार में मिली यह सहूलियत है
कि विस्मृति के दिनों में एक बल्ब टिमटिमाता था—
के बदले विस्मृति के दिनों में एक बल्ब टिमटिमाता है कहा जाए
तथा कुशल-क्षेम की चिट्‌ठी
जो किसी पीढ़ी में
किसी को लिक्खी
हमी को लिक्खी
आज अभी जाकर मिली को
पढ़ें इस घुप्प अँधेरे में
विस्मृत दिनों के
एक बल्ब के उजाले में।

विस्मृत दिनों के टॉर्च के उजाले के सहारे
दूर निकल जाने एक, आगे बढ़ता है
कि दस बाई दस फ़ुट का अँधेरा
असीम अँधेरा लगता है।

दूसरा विस्मृत दिनों में अध-बची बुझी मोमबत्ती को
आँधी की तरह बढ़ते ज़ोर के अँधेरे में जलने से या
बुझी मोमबत्ती को और बुझने से बचा रहा है।

बाक़ी विस्मृति के दिनों में कई दिनों से रहने चले गए

विस्मृति के दिनों के दस बाई दस फ़ुट में
कब आएँगे मालूम नहीं,
यह घर बदल दिया।

जाते रहते
रहे आते हैं
चुपचाप आते-जाते रहने में

पैर की ठोकर से कभी
झन्न से आवाज़ होती है
यह विरासत के खुले संसार के कोने में पड़ी
विरासत की ज़ंग खाई चाबियों के गुच्छे की है।

ताले में बन्द मन
आगे न बढ़ पाने के कारण
खिन्न होता है
वही कोने में पड़ी चाबियों का झन्न होता है।
कोना जो सबका कोना है
इतना कोना नहीं कि सबके हृदय का कोना
उतना कोना भी नहीं कि दिमाग़ का कोना।

दस बाई दस के कोने में पड़ी
इस चाबियों के गुच्छे का सबको इतना अधिक पता है
कि उसकी तरफ़ ध्यान नहीं जाता।
अलबत्ता कमरे की सड़क पर
आते-जाते
जब किसी को फिर वैसी
एक ज़ंग खाई चाबी मिलती
तो गुच्छे में उसे पिरो दिया जाता
कहाँ से गिरी जैसी चाभी
किसी की जेब से या दिमाग़ से।

शरीर को काट-काटकर
ढूँढ़ा गया होगा
जलाकर राख को ढूँढ़ा गया हो
तब नहीं मिली होगी जैसी चाबी
फिर मिली जैसी मिली।

पुराना ज़ंग लगा ताला कहीं दिखता है ?
इस प्रश्न की प्रतिध्वनि
ज़ंग लगा ताला कहीं नहीं दिखता है कि होती होगी।
प्रश्न नहीं सुनाई दिया

और यही प्रतिध्वनि सुनाई देती हो।
प्रश्न में प्रश्नवाचक चिन्ह एक चाबी की तरह लगा
भले व्याकरणसम्मत लगा
कुछ निम्न-से क़ैदख़ाने में बिखरे
खड़ा है कौन?
आया कोई?
कहाँ हो?
यह कैसा क़ैदख़ाना है?
दो जून की रोटी मिल जाती है?
लौट आना?
बार-बार पूछे गए के चिन्हों को
ज़ंग खाए प्रश्नों में
पिरोकर एक गुच्छे में
झन्न से डाल दिया गया कोने में
जो सबका कोना है

समूह का कोना
व्याकरणसम्मत होना
भाग्य का व्याकरण

कि पीढ़ी-दर-पीढ़ी
भविष्य में ताले जड़े जाते हैं
भविष्य के ताले में ज़ंग नहीं लगता
जब दिखता वर्तमान नया दिखता
तथा दस बाई दस फ़ुट के कमरे की सड़क में
नई चाबी मिलने का संयोग नहीं होता।

ज़ंग लगा ताला कहीं दिखता है?
दस बाई दस फ़ुट का संसार
अन्दर एक अनंत बीतता है
बाहर एक अनंत बीतता है।

संसार छोड़ दूँगा

संसार छोड़ दूँगा के सन्दर्भ में
जीवन का उतना ही विस्तार रहेगा कि पड़ोस छोड़ दूँगा
मृत्यु से जो छूट जाएगा।

बच्चों से मैंने कहावत की तरह कहा
कि जब याद आए तो तारों के पड़ोस में
किसी भी एक तारे को ढूँढ़ कर मुझे देख लेना
और पीढ़ी-दर-पीढ़ी उस तारे को बता देना।

कि मैंने पृथ्वी का पड़ोस नहीं छोड़ा है
पड़ोस की इच्छा को मैं तारों के बीच सुरक्षित रख देता हूँ
और तारे को देखता हूँ
जैसे अपने रहने को।

2003

पड़ोस

यहाँ सभी पड़ोसी थे
सभी लोग जो रह रहे थे
पड़ोस में रह रहे थे—
और मैं इसे उतनी बार दुहराना चाहता हूँ
जितने लोग थे
पूरी बसावट पड़ोस की
मैं जब भी लौटा पहले पड़ोस में आया।

मैं पड़ोसियों के घर होते हुए
इतना थका लौट रहा हूँ
कि मृत्यु पड़ोस में हो जाए
और पहले घर ख़बर पहुँचे
कि मैं पड़ोस में नहीं रहा।

2003

छत्तीसगढ़ी में वह झूठ बोल रहा है

छत्तीसगढ़ी में वह झूठ बोल रहा है
कि अब अच्छे दिन आएँगे
इसके बाद सभी, भूखे-प्यासे
औरत, बच्चे, बूढ़े
फिर पूरी आबादी
बहुत बुरे दिनों को लादे
अपने काले भविष्य के दूर कोनों में लौट जाते हैं—
जबकि आगे एक पल भी जीना कठिन
परन्तु छत्तीसगढ़ी में बोले
एक अच्छे दिन के जीवन की आस में।

परन्तु ऐसा शुरू से रहा
कि छत्तीसगढ़ी में भी सच बोला जाता रहा
किसी भी बोली में बोल सकने का सचमुच
जैसे बस्तर की मैना का
बस्तर के जंगल में
अपनी बोली बोलने का।

एक टूरी के
प्रेम को अभिव्यक्त करने के चुपचाप में
हवा की सरसराहट को सुनने का। तथा
महुवा के फूल के टपकने की बोली में
टप को सुनना
सूर्योदय की बोली में

चिड़ियों की चहचहाहट को सुनना
और सूर्यास्त की बोली में
चिड़ियों को लौटते हुए देखना—
छत्तीसगढ़ी को सुनता हूँ
तो चिड़ियों की चहचहाहट को समझता हूँ

और कातर होकर
'झनजा' के किसी के रोकने से
पूरे जगत से बिछुड़ना रुक जाता है
ऐसा सोच सकता हूँ।

दरअसल, बचपन का
चिन्हारा हुआ
नांदगाँव का यह सूर्योदय
दिल्ली में भी हो तो
नांदगाँव का सूर्योदय लगता है
परन्तु यह भी
कि केवल छत्तीसगढ़ में सूर्योदय नहीं होता
और परन्तु
कि कुंदरापारा की किसी झोपड़ी से
'खायेबर' माँगने के कारण
पीड़ा और दु:ख से
पिटती हुई भूखी बच्ची का
अचानक ज़ोर से चीख़ना,
संसार की बोलियों के सन्नाटे में तब
लाउडस्पीकर से
छत्तीसगढ़ी में वह झूठ बोल रहा है।
लबारी बोलत हे।

2003

मैं छत्तीसगढ़िया

बात केवल की है
कि मैं केवल छत्तीसगढ़िया रहा
और कुछ नहीं।
जब मध्यप्रदेश में रहा
तो केवल मध्यप्रदेश में नहीं।
और जब छत्तीसगढ़ में
तो केवल छत्तीसगढ़ में नहीं।

अभी अकाल के कारण छत्तीसगढ़ छोड़कर जा रहे
किसी किसान से भी पूछूँगा—
'भाई, बने। बने'
तो 'बने। बने।' ही उसका जवाब होगा

अपने दुःख की कथा को कहने सुनने
और समाप्त करने का यही तरीक़ा
केवल होगा।

बात केवल की है
और अलावा केवल की
केवल।

2003

मेरी नींद एक पड़ोसी के नवजात बच्चे के रुदन से खुली

चार पेड़ के
एक दूसरे के पड़ोस की अमराई
पेड़ों में घोंसलों के पड़ोस में घोंसले
सुबह-सुबह पक्षी चहचहा रहे हैं
यह पड़ोसियों की सहगान है—
सरिया-सोहर की गवनई।
पक्षी, पक्षी पड़ोसी के साथ झुंड में उड़े।
परन्तु मेरी नींद
एक पड़ोसी के नवजात शिशु के रुदन से खुली।

वह नवजात भी दिन
सूर्य दिन को गोद में लिये है
सूर्य से मैंने दिन को गोद में लिया।

मार्च, 2005

सवेरा हुआ तो लड़का हुआ लगता है

अब इस उम्र में हूँ
कि कोई शिशु जन्म लेता है
तो वह मेरी नातिनों से भी छोटा होता है
संसार में कोलाहल है
किसी ने सबेरा हुआ कहा तो
लड़का हुआ लगता है
सुबह हुई ख़ुशी से चिल्लाकर कहा
तो लड़की हुई की ख़ुशी लगती है
मेरी बेटी की दो बेटियाँ हैं
सबसे छोटी नातिन जाग गई
जागते ही उसने सुबह को
गुड़िया की तरह उठाया
बड़ी नातिन जागेगी तो
दिन को उठा लेगी।

मार्च, 2005

उसने मुझे बाबा कहा

घर-बार छोड़कर संन्यास नहीं लूँगा
अपने संन्यास में
मैं और भी घरेलू रहूँगा
घर में घरेलू
और पड़ोस में भी।

एक अनजान बस्ती में
एक बच्चे ने मुझे देखकर बाबा कहा
वह अपनी माँ की गोद में था
उसकी माँ की आँखों में
ख़ुशी की चमक थी
कि उसने मुझे बाबा कहा
एक नामालूम सगा।

अप्रैल, 2005

विष्णु की प्रतिमा को समीप से नहीं देख पाया

राजिम का यह आठवीं शताब्दी का
विष्णु मन्दिर है
गर्भगृह में विष्णु को सबने दूर से प्रणाम किया।

मन्दिर के मंडप में
दुर्गा की मूर्ति है
कठोर पत्थर की अत्यन्त सुन्दर
अन्दर से कोमल हो सम्भवत:

सबने दुर्गा की प्रतिमा का
चरण स्पर्श किया
कुछ ने माथा टेका
मैंने देखा
प्रतिमा के पैरों की उँगलियाँ
माथा टेकने और चरण स्पर्श से
घिसकर चिकनी और सपाट हो चुकी हैं
इसमें मन ही मन का चरण स्पर्श
और दूर का माथा टेकना भी शामिल है।
विष्णु की प्रतिमा को समीप से नहीं देख पाया।

अप्रैल, 2005

छत्तीसगढ़ का जादू

छत्तीसगढ़ का छत्तीस का समूह
पता नहीं किस तरह है
यह मिले-जुले होने का
पैंतीस के बाद का छत्तीस है
या 36 के आँकड़े का
एक नहीं की जोड़ी।
परन्तु 1 नवम्बर 2000 को
जब 36 गढ़ राज्य बना
तब मैं 63 वर्ष का छत्तीसगढ़ी हुआ
36 के विपरीत के आँकड़े में 63 का—
अपनी ही आड़ से निकल
अपनी तरफ़ घूमा हुआ सम्मुख
सयाना या जवाबदेह।

मार्च, 2001

यह मेरा पैतृक घर है

पहाड़ को बुलाने
'आओ पहाड़' मैंने नहीं कहा
कहा 'पहाड़ मैं आ रहा हूँ।'
पहाड़ मुझे देखे
इसलिए उसके सामने खड़ा
उसे देख रहा हूँ।
पहाड़ को घर लाने
पहाड़ पर एक घर बनाऊँगा
रहने के लिए एक गुफा ढूँढूँगा
या पितामह के आशीर्वाद की तरह चट्टान की छाया।

कहूँगा यह हमारा पैतृक घर है।

अप्रैल, 2005

प्राण पखेरू

कहीं जाने का मन होता है
तो पक्षी की तरह
कि संध्या तक लौट आए
एक पक्षी की तरह जाने की दूरी
सांध्य दिनों में कहीं नहीं जाता
परन्तु प्राण पखेरू?

अप्रैल, 2005

मैं राजनांदगाँव उतरूँगा

जगह-जगह रुक रही थी यह गाड़ी
बिलासपुर में समाप्त होने वाली
छत्तीसगढ़ में सवार था।
अचानक गोदिया में
सभी यात्री उतर गए
और दूसरी कलकत्ता तक जाने वाली
आई गाड़ी में चढ़ गए।
एक मुझसे अधिक बूढ़े यात्री ने
उतरते हुए कहा
'तुम भी उतर जाओ
अगले जनम पहुँचेगी यह गाड़ी'
मुझे जल्दी नहीं थी
में ख़ुशी से गाड़ी में बैठा रहा
मुझे राजनांदगाँव उतरना था
जहाँ मेरा जन्म हुआ था।

मार्च, 2005

पहले हम एक ही घर में रहते थे

अब कभी मिलना नहीं होगा ऐसा था
और हम मिल गए।
दो बार ऐसा हुआ
पहले पन्द्रह बरस बाद मिले
फिर उसके आठ बरस बाद
जीवन इसी तरह का
जैसे स्थगित मृत्यु है
जो उसी तरह बिछुड़ा देती है
जैसे मृत्यु।
पाँच बरस बाद तीसरी बार यह हुआ
अबकी पड़ोस में वह रहने आई
उसे तब न मेरा पता था
न मुझे उसका।

थोड़ा-सा शेष जीवन दोनों का
पड़ोस में साथ रहने का बचा था

पहले हम एक ही घर में रहते थे।

मार्च, 2005

मेरा पता शुरू से ही नहीं बदला

मेरा पता शुरू से नहीं बदला

मेरे घर से लगा हुआ उसका घर है
उसकी चिट्ठी मेरे पते पर आई
चिट्ठी लेकर मैंने डाकिए से कहा
उसे चिट्ठी आप देंगे या मैं दूँ
पता आपका है इसलिए चिट्ठी आपको दी।
कहकर डाकिया
सभी पड़ोसियों को उनके पते पर चिट्ठियाँ देने चला गया।

मैंने चिट्ठी उसे दी
वह प्रसन्न था
कि चिट्ठी सही पते पर आई।

वह पड़ोस में नया रहने आया था।

अगस्त, 2003

मेरे बाद

हो सकता है मरा न होऊँ
सब के समझने के बाद
जब धीरे-से अपनी आँख खोलूँ
तो क्या दूसरे जनम जैसा मैं संसार को देखूँ
बुरे लोगों को तो भूल चुका होऊँगा
और थोड़े-से अच्छे लोग मुझे याद रहें।
पहले भी संसार आसपास-पड़ोस से याद रहा
और कोई एक चेहरा
मुझे याद दिला देता
कि मैंने संसार को नहीं छोड़ा।

थोड़े से में रहकर
थोड़े से को देखकर
थोड़े लोगों से मिलकर
थोड़े समय में पूरा समय
मेरा सब
पड़ोस में रखा मिल जाएगा।

पहले भी चार दिन के लिए जब
घर छोड़ कर गया तो
कुछ काँसे-पीतल के बर्तन
एक चाँदी की अँगूठी, कुछ चिट्ठियाँ इत्यादि
एक टिन की पेटी में, पड़ोस में सुरक्षित छोड़ आता था।

अगस्त, 2003

चाहता हूँ पड़ोस में पूरा घर रहने लगे

बहुत रह लिया मैं घर में, थक गया
अब पड़ोस में रहकर सुस्ताऊँगा
किसी बहुत दूर के पड़ोस में।
बहुत दूर के पड़ोस में पत्नी, बेटा-बेटी आएँ।
बेटी के साथ उसकी दोनों बेटियाँ
दस दिन की नातिन को कुछ देर गोद में ले सकूँ
और चार साल की नातिन के साथ दिन-भर खेलता रहूँ।

पड़ोस में पूरा घर रहने लगे।

अगस्त, 2003

गेंद का घर, मेरा घर

गेंद का पड़ोस
आकाश की तरफ़ उछाल
किसी भी दिशा में जा सकने के कारण
सभी दिशाएँ गेंद के पड़ोस में
धरती पड़ोस
और गेंद का घर हमारा घर।

कितनी गेंदें पड़ोस में खो चुकी थीं।
गेंद ढूँढ़ने हम किसी के भी घर घुस जाते।
घरों में जाना और खो जाना हमने गेंद से सीखा।

सितम्बर, 2003

यह एक पहाड़ी गाँव है

'आ रहा हूँ' कहता हुआ
वह बहुत पास से निकल गया
मैं कुछ कहता कि निकल गया
'रुको एक मिनट' यह कहना चाहा
वह चला गया।

वह जब आएगा
एक पहाड़ की तरह ठहर जाएगा
कहेगा 'अन्तिम बार लौटना और पहाड़ की तरह रुक जाना, यही ठीक है।'
पहाड़ के पड़ोस में पहाड़ के पड़ोस की एक श्रृंखला है

यह एक पहाड़ी गाँव है।

सितम्बर, 2003

यह जो छत्तीसगढ़ है

राजनीति के समुद्र में से निकलकर आया है,
समुद्री घोड़े की तरह है
जो नक़्शा है छत्तीसगढ़
यह शार्क या मगरमच्छ जैसा भी हो सकता था नक़्शे में—
समुद्री घोड़े के पेट में लोग हैं
यह उतना ठीक नहीं लगता
जितना शार्क या मगरमच्छ के पेट में कहने से
जैसा कि है।

इसका नक़्शा संयोग से जंगली फूल हो सकता
या फूल की कली
पकते हुए भात की हंडी हो जाती घर-घर में
परन्तु उजाड़ जंगल, खेतों, ग़रीब-भूखों का यहाँ एक आदिदृश्य है
जैसा कि है।

हो सकता था की
इस छोटी-सी कथा में एक पाठ्यक्रम है
कि हाथी पर बैठा
एक राजा है
और जय-जयकार करती
ग़रीब प्रजा

जैसा कि
जैसा कि शुरू से है।

मार्च, 2001

छत्तीसगढ़ बनने के बाद

भोपाल जाते हुए
छत्तीसगढ़ राज्य बनने के बाद
यह नहीं लग रहा है
कि मध्यप्रदेश जा रहे हैं
संक्षिप्त में म.प्र.
कोष्ठक का (म.प्र.) भी नहीं
भोपाल जाते हैं
प्रान्त नहीं, प्रान्त जाकर क्या करूँगा
और लौटकर रायपुर आते हुए
रायपुर आऊँगा।

हम हमेशा अपने होने के मुहल्ले में होते हैं
अपने होने के मुहल्ले में
नागपुर-भोपाल है
एक दिल्ली
एक रायपुर, एक नांदगाँव
एक जगतपुर, एक घर
कोष्ठक में अंतरिक्ष की
पूरी एक ख़ाली जगह।

मार्च, 2001

अन्तिम साँस

मृत्यु के बाद
मेरा भविष्य क्या बचा रहेगा?
मैं मरते-मरते बच गया।

मृत्यु कभी भी हो
परन्तु अन्तिम साँस लेने के लिए
मेरे पास हमेशा समय रहेगा
कि खिड़की के पास लगे पड़ोस के
चम्पा के फूलों की सुगन्ध को
अन्तिम साँस में समेट लूँ।

बाहर झरे चम्पा के फूल को मैं उठा लेता हूँ।
और एक, अन्तिम नहीं साँस लेता हूँ।

अगस्त, 2003